# 親子でいっしょに！
# こころとからだのドリル

5〜8歳編

伊東 絵理加

【監修】福元和彦：福元メンズヘルスクリニック院長
【協力】永野健太：ながの医院理事長（精神科）

せつめいくんってよんでね

アシーってよんでね

せつめいくん　　アシスートちゃん

海鳥社

# この本は性教育のドリルです

　本書を手にとって中をパラパラとめくってみた時、おそらく最初に思うことは、**「これって性教育なの？　道徳じゃないの？」**ということだと思います。
　はい。**これは「性教育のドリル」です。**
　性教育に関しては、日本は先進国の中で最も後れをとっており、**「性教育後進国」**といわれてはや20年以上経っていることをご存じですか。
　ほんの数年前までは、性教育関係の本を見ても、主にセックス（性行為）に関することしか書かれていないものが多いという印象でした。たしかにこれまでは、性教育といえば、男女の身体の構造・性行為・妊娠・出産・避妊に関する正しい知識、というのが一般的な認識です。
　しかし、このドリルを手にとった方は、「性」とはそれだけではないということに、本当は気づいているはずです。
　恋愛における人間関係、相手を思いやること、自分の思いを伝えること、自分や相手の性衝動、そのコントロールや意思表示の仕方、自身や人を愛することの肯定感……。こういった性にまつわる悩みや問題について、「セックス（性行為）・妊娠・出産・避妊」の正しい知識（性知識）を得たからといって、解決できたでしょうか。
　**性にまつわる問題は、「心とからだ」がセット**になっています。つまり、健康的な考えや心が土台となっていなければ、「性知識」は正しく生かされません。
　**心や考え方、人権や社会、引いては生き方全体を見据えて、性にまつわることを教えるのが「性教育」**なのです。

　2009年、国連教育科学文化機関（ユネスコ）は各国の研究成果を踏まえ、世界保健機関（WHO）など複数の国連機関と協働し、性教育の指針「国際セクシュアリティ教育ガイダンス」を発表しました。
　このガイダンスでは**「包括的性教育」**を提唱しています。身体や性行為、妊娠・出産だけでなく、文化や価値観、人間関係、ジェンダーや人権など、幅広いテーマを含む教育です。
　具体的には、①人間関係、②価値観、人権、文化、セクシュアリティ、③ジェンダーの理解、④暴力と安全確保、⑤健康とウェルビーイング（幸福）のためのスキル、⑥人間のからだと発達、⑦セクシュアリティと性的行動、⑧性と生殖に関する健康、の8つのキーコンセプトを設けています。
　この8つのキーコンセプトについて4つの年齢グループ（5～8歳、9～12歳、12～15歳、15～18歳）ごとに、年齢に合わせて内容をグレードアップしながら繰り返し学習を行い、その効果を検証した結果、以下の点に有効であったことが報告されました（2018年）。

○ **性交を初めて行う年齢を遅くすること**
○ **性交の頻度を減らすこと**
○ **性的パートナーの数を減らすこと**
○ **危険な行動を減らすこと**
○ **コンドームの使用の増加**
○ **避妊薬の使用の増加**

　本書はこの「国際セクシュアリティ教育ガイダンス」（改訂版2018年）をベースとして制作しています。
　このガイダンスは世界各国が対象となるため、さまざまな文化的要素を複合的にとらえて作成されていますが、本書では、現在の日本の5～8歳には不要と思われる部分（HIV患者への接し方など）は省いたり、比重を調整したりと、**独自にアレンジを加えています。**

　2023年度、文部科学省が性暴力防止を目指して推進する教育プログラム「生命（いのち）の安全教育」が全面実施となり、また上記の「包括的性教育」も、さまざまなメディアでとりあげられ、より広い意味で「性」をとらえた本も増えてきました。
　ようやく日本でも、本格的に性教育の遅れを取り戻そうという動きが出てきています。
　**自分と相手を尊重できる心を育み、健康的な考え方ができるようにサポートし、正しい性知識を与える**。それが、これからの「あたりまえの性教育」になることを願います。

# はじめに 「わが家の正解」「わが子の正解」を見つけましょう

近年、性に関する不安をいだく保護者は増えてきているように思います。

しかし同時に、「なにをどう伝えていいのかわからない」「何歳から始めればいいの？」「知識はあるけど、伝えるのに抵抗がある」という声もよく耳にします。

**子どもの性被害**の件数は年々増加しており、**2022年の小児性犯罪**（13歳未満の子に対する性犯罪）の認知件数は**985人**と発表されました（警察庁）。ちなみに、2022年の食中毒の発生件数は962件（厚生労働省）です。

子どもの性被害に関しては、「危機感を持っている保護者」と「めったにあることじゃない、と楽観視している保護者」との間で温度差がありますが、後者の方でも、食中毒とほぼ同じ件数の被害が起きていると知ると、どうでしょうか。また、小児性犯罪の数字は認知件数であり、**実際はその倍～数十倍**ではないかといわれています。

子どもだけでの通学や公園あそび、SNSやインターネット使用の低年齢化……。常に危険はすぐそこにあります。

性に関するトラブルについては、**親に言わない、言えない**子どももいます。その理由は、「なんとなく、いけないことだから言えない」「言ったら怒られると思った」という場合が多いようです。

保護者ができることは、知識を与え、答えを導き、小さなことでもなにかあったらすぐ大人に伝えられる**環境をつくる**ことだと思うのです。

日本は性教育後進国です。

**学校では1998年に「はどめ規定」が導入され、「妊娠の経過はとりあつかわない」「深入りしない」、つまり「性交に関することは教えない」ことになっているため、家庭で教えなければなりません。**

保護者が「うちの子は大丈夫でしょう」「そのうち自然に覚えるだろう」と受け身のままでいると、子どもは無知のままです。

無知の子がSNSやインターネットでまちがった情報を本物だと思い込み、そのまま成長し、恋愛した時に困ったり、家庭を持っても壊してしまったり、最悪の場合、加害者や被害者になってしまったりする可能性もあるのです。

子どもが小さいうちから性教育をしていると、子どもは「してはいけないこと」が何なのか、早くから知ることができます。

**5歳からの性教育というと、「まだ早すぎる」と思う方は多いと思います。**

でも考えてみてください。たとえば、望まない妊娠・中絶の一番の原因は、「コンドームなしでセックスしたい男の子」「イヤと言えない女の子」です。この時に、男の子が女の子の心とからだを**思いやること**ができ、女の子が**自分の意志をちゃんと伝えること**ができていれば、望まない妊娠は避けることができます。

この「相手を思いやること」「自分の意志を伝えること」は、思春期になったからといって、突然できるようになるものではありません。

「性」とは「心＋生」と書きます。生きていくための心の勉強だと思ってください。

**5～8歳は、まず「心の土台」をつくります。もちろん親子で。**

「心の土台」は、親子の関わり合いの中でつくり上げるのが一番だと思います。当たり前にできていると思うかもしれませんが、意外と親子できちんと向き合うことは少ないのではないでしょうか。

注意が必要なのは、性教育はセックスを教えるだけではないということ。小児向けの性教育の本で、性行為そのものを描く内容を目にしたことがありますが、これはとても危険なことだと私は思います。

**段階を追って、年齢やその子の性格に合った教育をしなければ、不必要な興味を煽ったり、興味本位で誰かを傷つけたりするかもしれません。**

**本書は、ユネスコの「国際セクシュアリティ教育ガイダンス」（改訂版）をベースとし、5名の医療関係者のサポートを受けて作成しました。**

わが子が被害者にならないように。
　　加害者にならないように。
　心とからだを尊重できる大人になれるように。
　いざという時は自分を守れるように。

5～8歳はなんでも吸収する大切な時期です。

本書で「**わが家の正解**」「**わが子の正解**」をしっかり話し合いましょう。

# もくじ

この本は性教育のドリルです　1
はじめに　「わが家の正解」「わが子の正解」を見つけましょう　2
このドリルの使い方　4

## 第1章　人間関係
いろいろなかぞくのカタチ　8
かぞくはたすけ合うもの　9
自分のことは自分できめよう　11
キミの気もちをつたえよう　12
キミの気もちとあいての気もち　15
しんらいできる大人ってだれ？
キミのミカタを3人みつけよう　17

## 第2章　ジェンダーの平等と自分のカラダ
カラダの性別とココロの性別　20
男も女もおなじ「にんげん」　21
キミのカラダを知っていこう　24
「イヤ」とかんじたらつたえよう　27

## 第3章　暴力と安全確保
ぼう力にはしゅるいがある　30
きずついたココロはもとにはもどらない　33
ぼう力はぜったいダメ！　34
・ あだ名 ニックネーム は自分できめよう　40

## 第4章　幸福になるために必要なこと
いろんな人の気もちを考えよう　42
お友だちとコミュニケーションをとろう　44
「みんなと同じ」がいい時わるい時　46
「すき」のつたえかた うけとめかた　48
ハグやキスのルール　51
・ お友だちがケガをした時に気をつけること　52

## 第5章　人体と発達
自分のプライベートゾーンについて　54
もしもプライベートゾーンであそんでいたら……　55
自分のカラダは自分であらおう　56
・ 1年かけて　ふろトレ！　58
キミが生まれてくるまで　60

## 第6章　ICTを安全につかう
スマホ・タブレット・パソコンのルールとマナー　70
インターネットのウソとホント　72
インターネットのいいところ・こわいところ　73
スマホ・タブレット・パソコンのルール　75

## ココに注意！ 防犯対策
「知らない人」ってどんな人？　78
外であそんでいる時・おかいものに行っている時
トイレは大人といっしょに行こう　80
安全マップをつくろう　81
ぼうはんブザーのつかい方　82
おぼえよう！ みをまもる音読ひょうご　84

あとがき　85

# このドリルの使い方

## ❶ このドリルの「先生」は保護者です。

このドリルは、「子どもの練習問題」と、各問題の目的と解説方法を保護者へあてて記した「POINT!」に分かれています。**まず保護者の方が「POINT!」を読み、主旨や目的を踏まえた上で、**子どもに説明しながら「子どもの練習問題」をやってみてください。
5〜8歳の子どもの理解度や成長速度には差があるので、**それぞれの子どもに合った言葉で読み聞かせ、**「○○ちゃんなら、こんな時どう思う？」「○○くんとこんなケンカしたらどうする？」など、**実生活を想像しながら問いかけてみてください。**

## ❷ 「子どもとの会話」が基本です。お話ししながらゆっくり進めましょう。

**本書の一番の目的は、「子どもと一緒に、その子自身についての話をする」「イヤなことや、なにか変わったことがあったら、必ず保護者に伝える」ことを習慣化するための、きっかけをつくることです。**日常的にこのような話ができていればいいのですが、現在の日本はおよそ7割が共働きで日々忙しく、また塾や習い事の送迎やイベントの準備などもあり、ゆっくりのんびりと、「子どもの気持ちにだけ向き合う時間」をなかなか持つことができません。
とくにきょうだいがいる場合、子どもにとって「自分だけを向いてくれる時間」があるのはうれしいことです。
このドリルを、**読み聞かせや絵本を読むような感覚**で活用することで、忙しい日々の中に、**子どもと語り合う時間を確保するための道具**として使ってください。

## ❸ 今はまだ、すべての内容を子どもに理解させる必要はありません。

この本では、「なんで？　どうして？」ときかれた時のために、その根拠や理由を書いていますが、多くの子どもは「……ふーん」で終わったり、興味がないので上の空だったりするかと思います。でもそこでムリに言葉を重ねる必要はありません。大事なのは**「なんかそういう話を聞いたことがある」という記憶を植えつけることです。**
「プライベートゾーンを人に見せてはいけない」のも、5〜8歳では「そう言われたからそうする」でしかありませんが、成長するにつれて意味がわかった時に、「そういうことか」と、ストンと理解する。それでいいのです。
今、大切なのは、理解させることではありません。**「来るべき時」に、正しく、スムーズに理解するための準備、土台づくり**と思ってください。

### ❹ ドリルの回答に「間違い」はありますが、「全員同じ正解」はありません。

このドリルには「こんな時、どうする？」という問いかけが出てきます。「回答例」はのせていますが、基本的に「この答えが正しい」ということではありません。この問いかけの目的には、**「わが子はこういう時、こういう行動をするのか」「こういうふうに考えるのか」「こんな表現を使うのか」**と、保護者が知ることも含まれています。

もちろん、プライベートゾーンを人に見せたり、暴力をふるったりするのはダメなことですが、それ以外に関しては、「うちの子はこういう時、イヤって言えないのか……だったら普段から気をつけておこう」など、保護者が考えるきっかけになればと思います。

### ❺ 毎日じゃなくても、週に1回や月に2回など、お子さんのペースに合わせて定期的にゆっくり進めましょう。

子どもの身体のことや、お友達とのこと。「なにか機会があった時に話そう」と思われている保護者の方は多いと思いますが、その機会を逃してしまったり、うまくタイミングがつかめなかったりしていませんか。「いつか話そう」と思っているうちに、子どもが大きくなって、なんとなくで済ませてしまっている方も多いでしょう。「いつか」「そのうち」と思っていると、多忙な日々に埋もれてしまうので、**意識的にその時間を作るための道具**として、このドリルを活用してください。習い事に通うように、宿題をするように、**「毎週日曜の夜はこの時間」などと決めて、定期的に行うことをお勧めします。**

毎回3ページや6ページなど、項目ごとにキリのよいところで区切り、まずは最後までやってみてください。1度終わったらもう1度やってみて、子どもの回答が前回とどう変わったか、変わっていないか、確認できるといいですね。

### ❻ このドリルは「伊東式」です。

**子育てに関しては、それぞれの家庭で事情やルール、スタンスが異なります。**「うちの子には合わないかな」と感じられる部分もあるかと思います。このドリルはあくまで「伊東式」なので、すべてこの通りにしなければならないわけではありません。参考として使ってください。

保護者が目を通し、子どもと遊んでいる時などに伝える

反抗期などで保護者の言葉では伝わらない時、ドリルの該当するページから伝えていく

安全と健康と幸せのために──

# 第1章　人間関係

家族と自分
自分の気持ちをつたえる
相手の気持ちを尊重する

# いろいろな かぞくの カタチ

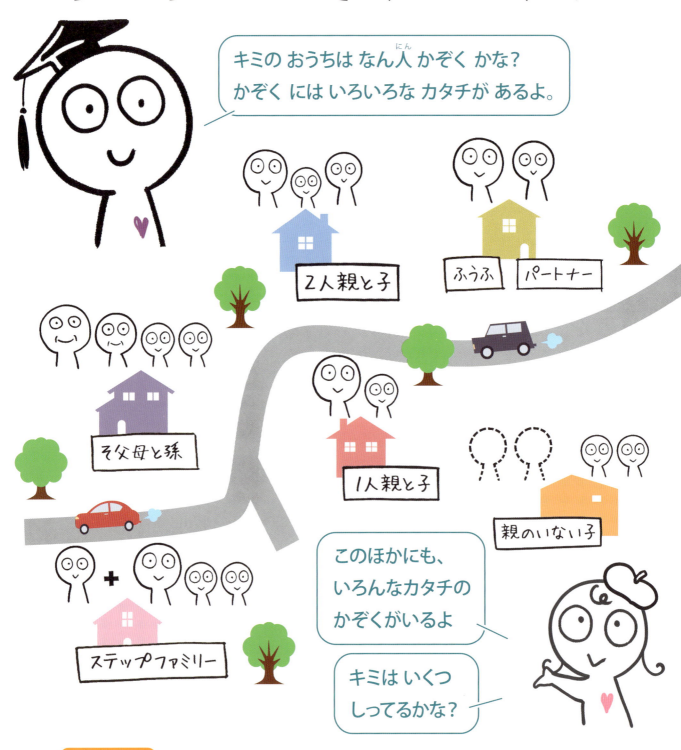

- POINT!

ここでは、さまざまな形の家族が存在することを教えます。

人はだれしも、自分が置かれた環境が「普通」だと思いがちですが、広く目を向ければ、いろいろな形の家族がそれぞれの家庭を営んでいます。

私たちの家と同じ形の家族はたくさんいるし、私たちと違う形の家族もたくさんいるということを「知識」として知ってもらいましょう。

「自分の家族の形が普通で、あの家族の形は変わっている」というものではないですし、「自分の家族の形はヘンだ」ということもありません。

「いろんな形の家族がいることが、普通のことなんだね」と語りかけてください。

「ステップファミリー」は、夫婦のどちらか、または両方が、以前のパートナーとの間にできた子どもを連れて、新しい家庭を営む形態をいいます。

# かぞくは たすけ合う もの

かぞくには、みんなそれぞれ やくわりがあるよ。
かぞく みんなが たのしく きもちよく
すごせるように、がんばって いるんだね。

❤1 キミや キミの かぞくは、いつも なにを しているかな？
　　線でむすんで みよう！　線は 何本 引いても いいよ。

お皿をあらう •　　　　　　　　　　　　　　　　　　• しごと

おふろそうじ •　　　　• キミ •　　　　　　　　　• べんきょう

買いもの •　　　　　• (　　　) •　　　　　　　• せんたく

外であそぶ •　　　　• (　　　) •　　　　　　• ゴハンつくり

ゴミを出す •　　　　• (　　　) •　　　　　• そうじきをかける

せいりせいとん •　　• (　　　) •　　　　　　• トイレそうじ

げんかんのそうじ •　• (　　　) •　　　　　• べんきょうをおしえる

ゲームをする •　　　• (　　　) •　　　　　　• ペットのおせわ

ゴハンのあとかたづけ •　• (　　　) •　　　• せんたくものをたたむ

(　　　　　) •　　• (　　　) •　　　　　　• (　　　　　)

(　　　　　) •　　　　　　　　　　　　　　• (　　　　　)

まん中の かっこ (　) には、お父さんや お母さん、きょうだいの 名まえや、いっしょにすんでいる 人の 名まえを 入れてね。
左右の (　) には、ほかにも キミの 家で いつも していることを 入れてね。
例：(ならいごとの) ピアノ、あらった お皿をしまう、など。

9

## 2 おしごとや おうちのこと、だれが なにを すれば いいのかな？

キミは だれと 同じ いけんかな？
（　）に ○をつけよう。

お父さんが しごとをして、
お母さんが ゴハンの じゅんびや、
そうじなど 家の ことをするもの。
あたりまえの ことだと 思う。

（　）

お父さんでも お母さんでも、
お金を たくさん かせいで いる 方が エライから、
エラくない 方が 家の ことをすれば いい。

（　）

おしごとも たいへんだし、
家の ことをするのも たいへん。
協力し あえば いいと 思う。

（　）

大人が 子どもの せわを するのは あたりまえ。
自分の 学校の じゅんびも ぜんぶ、やって もらう。

（　）

自分で できる ことは、自分で やるよ。
まだ うまく できない ことも あるけど、がんばってるんだ。

（　）

おしごとも おうちの ことも、
自分が できることを しながら
てつだえる ことを 考えよう

「がんばってくれて ありがとう」と
思う 気もちも だいじだよ。

おうちの人 みんなで「ありがとう」って 言いあおう！

# 自分の ことは 自分で きめよう

❤ ①ⒶとⒷはなにがちがうかな？ 考えてみよう

💙 ②キミが いつも「自分」で きめているものは なにが あるかな？
下の 絵を ヒントにして 考えて みてね。

### POINT!

❤①Ⓐはおうちの人が「なにをするか」「なにを着るか」を決めていますが、Ⓑは子ども自身が決めています。**小さなことから少しずつ、自分で決める練習をしていきましょう。**

「宿題とゲーム、どっちを先にするかは自分で決めようね」などもいいですね。

自分で決断することが身につくと、イレギュラーなことが起きても対応できるようになります。失敗しても、「ほらね」「だから言ったでしょう」とネガティブにならず、「どうしてうまくいかなかったのかな？」「次はどうしたらいいかな？」など、失敗→ふりかえり→再チャレンジ！ と、気楽に前向きに盛り上げましょう。

💙②子どもが自分で決めているものを見つけて、「できたね！」「がんばったね！」と褒めてあげましょう。自ら進んで「自分でできること」を増やしてくれるかもしれません。

# キミの 気もちを つたえよう

## ❤1 話しあってみよう

①キミが「うれしい！」って 思うのは どんな時？

**うれしい**
ニコニコになっちゃう
元気が 出る

②キミが「おこった！」って 思うのは どんな時？

**おこる**
すごく「イヤ！」って 思う
「もう！」「きらい！」って 思う

③キミが「かなしい」って 思うのは どんな時？

**かなしい**
元気が 出ない
なきたくなる・なみだが 出る
むねが ギュッとなる

④キミが「たのしい！」って おもうのは どんな時？

**たのしい**
ワクワクする・元気が 出る
「もっとしたい！」と 思う

⑤キミは「ふあん」って 思った ことが ある？
どんな時に ふあんに なる？

**ふあん**
むねが モヤモヤする
なんだか こわい かんじが する

⑥キミに「うれしい」「おこった」「かなしい」「たのしい」「ふあん」なことがあった時、だれに その お話を したいかな？

「うれしい」とか「かなしい」とか、
みんな 毎日、いろんな 気もちに なるよね。

自分の 気もちを
だれかに つたえるのは、
少し むずかしい かも しれない。
つたえる れんしゅうを しておこう！

## 2 気もちを あらわす ことばを つかってみよう

気もちと ことばを 線で つなげよう。

カラダの ようすと ことばを 線で つなげよう。

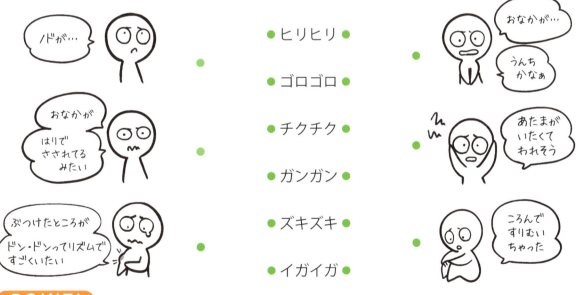

### POINT!

この問題は、子どもが自分の気持ちを表現する時、どのオノマトペを選ぶのかを知ることが目的です。

子どもが選んだオノマトペは、保護者が思うものと同じでしたか？ 子どもが一般的には使われないオノマトペを選んだ場合、「そういう時はこっちの方が伝わりやすいよ」と教えてあげてください。

また、普段の生活の中でも「今、どんな気持ち？」ときいてみてください。自分の気持ちを言葉にあらわす練習になります。

## ❸ ジェスチャーで つたえよう

ジェスチャーゲームを するよ。
下に ある ことばを、カラダ だけを つかって ひょうげんして、あいての 人に あてて もらってね。手・足・目のうごきや ひょうじょうを つかおう。
声を 出したら ダメだよ！

おうちの人と こうたいで やってみよう。

「こっちにきて」は、日本では 上から 下に 手まねき する けれど、下から 上に 手まねき する 国も あるよ。
すんでる ばしょや ぶんかで ちがうから、気にして みてね。

# キミの気もちとあいての気もち

キミが好きなアニメはなにかな？
そのアニメのだれがいち番好き？

お友だちが好きなアニメはなにか知ってる？
お友だちが「これが好き！」と思うものと、
キミの「これが好き！」は同じかな？
かんがえてみよう！

あれ？ みんなちがう

好きなことや
きらいなこと
みんなそれぞれ
ちがうよね

へぇ！そういう「きもち」もあるんだね！
ちがってて、なんだかおもしろい！！

お友だちの「自分とはちがうところ」を
さがしてみよう！

### ● POINT！

ここでは、コミュニケーションにおいてとても大切なこと、**「相手の気持ちを考える・受け止める」**ことを練習します。

自分が好きなアニメを嫌いなお友達もいるし、ゲームが一番楽しいと思うお友達、本を読むのが一番楽しいと思うお友達もいます。具体的にお友達の名前を挙げて、「○○ちゃんはどのキャラクターが好きかな」「□□君は××がすきだよね」など、みんなとの「ちがい」を意識して話してみましょう。

あえて「ちがうところを探してみよう」と、「お父さんは××がすきだな。だって、こういうところがカッコいいと思うよ」「お母さんは△△が一番すきだなぁ」と、「ちがうことを楽しむ会話」をしてみてもいいかもしれません。

自分とはちがう意見を「そういう意見もあるのか」「そういう気持ちになることもあるのか」と、**ちがうことが当たり前**のこととして、受け止められるといいですね。

キミには きょうだいは いるかな？
かぞくが 2人の おうちや、ペットが いる おうち。

みんなの 家ぞくの カタチが ちがうように、
みんなが「考えること」や
「知っていること」も ちがうよ。

だから、キミの「これがいい・こうしたい」に
「いいね」って 言う人も いれば、
「いやだ」と 言う人も いるのは、ふつうのことなんだ。
そんな 時は、「そうなんだね」と うけとめて あげよう。

♥ 考え方が ちがう 2人が 話しているよ。
キミは どっちの 考えに にているかな？

— りょこうに 行く時 —

おいしいものを たくさん 食べたい！

たくさん いろんな ところを 見たい！
ゴハンは コンビニでも いいよ

— ならいごと —

じょうずに なることより、楽しく やりたい！

いっぱい れんしゅうを がんばって、はやくじょうずに なりたい！

— お友だち —

すごく なかよしの子が、2〜3人 いれば いいよ

お友だちは たくさん いた方が たのしい

# しんらいできる 大人って だれ?
# キミの ミカタを 3人 みつけよう

かなしい ことが あった 時や、
こまった こと、イヤな ことが あった 時、
あんしんして そうだん できる 大人は いるかな?

そんな キミの「ミカタに なって くれる 大人」が、
おうちの人の ほかに 何人いるか、考えてみよう。

❤ もし、つぎの ことが おきた時、
おうちの人や しんらい できる 大人に つたえ られるかな？

今の キミの 考えに 線を 引いて みてね。

| だれも 見ていない ところで たたいて くる 人が いる | 先生から たたかれたり、かなしい ことばを 言われる | 友だちから いやがらせをされる |

・つたえられない　　・つたえられる　　・わからない

| クラスの みんなから ムシや いやがらせを される | 朝に なると おなかや あたまが いたくなる | カラダを さわったり、エッチな ことを 言ったりする 人が いる |

「つたえられない」「わからない」という 人は、どうしたら つたえられるかな？
おうちの人と つたえられる 方ほうを 考えて みよう。

## POINT!

　信頼できる大人が周りにたくさんいるのは、子どもの成長過程においてとても大事なことです。保護者に相談できないことが起きても、周りに信頼できる大人がいれば、子どもの支えになることも多いですよね。
　お友達の家族、塾や習い事の先生、学校の先生、祖父母、親戚、ご近所の方、交番の警察官など、**保護者の方と子どもで話し合いながら、**信頼できる大人を３人、決めてください。ただ、「こんな人がミカタだよ」にあてはまるからといって、**子どもの意見だけで決めない**ように注意しましょう。「保護者もよく知っている人」が大前提です。
　また、お友達の様子も気にかけてあげましょう。相談しやすいように話しかけたり、相談されたらゆっくりと話をきいてあげてください。きいてもらうだけで救われることも少なくありません。

# 第2章
# ジェンダーの平等と自分のカラダ

性別に左右されない考え方を育てる
自分の身体とその権利を知る

# カラダの性別と ココロの性別

生まれて すぐ きめられるのが
カラダが 男の子か 女の子か。
ココロは 目に 見えないから、
まだ だれも「ココロの性別」は わからないよ。

せいちょう していくに つれて、
自分の ココロと むき合って、
自分の ココロの 性別に 気づいていくよ。
ムリに 決める ひつようは ないんだ。

♥ 今、キミの カラダと ココロは どれかな？
番号を ゆび さして みよう

① カラダも ココロも 男の子
② カラダも ココロも 女の子
③ カラダが 女の子で ココロは 男の子
④ カラダが 男の子で ココロは 女の子
⑤ どれでもない・よくわからない

### POINT!

　この問題に入る前に、保護者の方は少しシミュレーションしておいてください。もし、わが子が③④⑤を指さした場合、驚く方もいると思いますが、やさしく「そうなんだね」と言えるようにしましょう。とくにまだ幼いうちは「心の性別」の意味がよくわからず⑤を選ぶこともあると思います。

　もし、受け入れられなくて固まってしまった時は、「知らなかったからビックリしたの。教えてくれてありがとう」と伝えてください。それでもつい、「どうして？　あなたは男の子(女の子)でしょう！」と怒ってしまった時は、一度このページでストップして、心を落ち着かせたあとで「ビックリして怒ってしまったよ、ごめんね。教えてくれてありがとう。これからもあなたのことをたくさん教えてね」と伝えてあげましょう。

　①②を指さした場合も、喜んだりホッとしたりせず、「そうなんだね」と冷静に対応してください。

　心の性別は成長するにつれて変化することもあります。定期的に性についての話し合いをして、わが子の心を知っていただけたらと思います。

# 男も女も おなじ「にんげん」

キミは「男の子なのに」とか「女の子なのに」とか、言われた ことは あるかな？

好きな ことや したい ことを きめるのに「男だから・女だから」なんて、かんけいないよね。

ただ、男と女で「くべつ」が ひつような 時が あるよ。トイレや おんせんが そうだね。

💟① 「男・女」を りゆうに しても いい こと には○、「男・女」を りゆうに しては いけない ことには ×を つけよう

① ( )　② ( )　③ ( )
④ ( )　⑤ ( )　⑥ ( )

### POINT!

💟① ①×、②○、③×、④○、⑤×、⑥×です。④は男女というよりも、「スカート姿で足を広げると下着が見えるから」と伝えてください。周りに「男の子なんだから」「女の子なんだから」という考え方の大人がいると、子どももそう学習してしまいます。「したいこと、したくないことに性別は関係ないよ」「自分が決めたこと、したいことをどんどんしていいんだよ」と話してあげましょう。

## ❷ 男・女を 気にせず 話を きいているのは どれかな？
（　）に○をつけよう

① （　）　② （　）　③ （　）　④ （　）　⑤ （　）　⑥ （　）

男でも 女でも、すきな かみがたを して、すきな ふくを きて いいんだよ。

かみを のばしたい 男の子、
うーん とみじかい かみに したい 女の子。
かわいい ふくを きたい 男の子、
うんどう しやすい ふくを きたい 女の子。

かぞくごっこも ドッジボールも、みんなで たのしもう！

「男のくせに」「女のくせに」という ことばは 差別に なるんだよ。おぼえていてね。

## 3 話し合ってみよう

①イヤな ことが あった時、すぐに ないて しまう 男の子を キミは どう思う？
そのりゆうも おしえてね。

②女の子や 女の人が、「それは ちがうと 思う」「わたしは こっちの方が すき」など、
自分のいけんを ハッキリ 言うのを キミは どう思う？
そのりゆうも おしえてね。

おうちの こと だって、「ゴハンを つくるのは お母さん」「しごとを するのは お父さん」って きまりは ないよ。

みんなが したいこと、できること、とくいなこと、どんな ことでも、どんどん やっていこう！

### POINT!

2 ①×、②○、③×、④○、⑤○、⑥×です。
3 この問いかけの返答が否定的だった時は、その理由をしっかりきいてください。どうしてそう思ったのか、その理由を受け止めた上で「男の子も女の子も、泣きたい時には泣いていいんだよ」「自分の意見をハッキリ伝えるのに男も女も関係ないんだよ」と話してあげてください。

「男らしく」「女らしく」は、時には必要な場面もあるかもしれませんが、基本的には「男・女」という理由でしばられることなく、心や行動は自由にさせてあげたいですね。

後々、自分から「男らしくなりたい」「女らしくなりたい」と思った時に、子どもの自主性にまかせてあげられたらと思います。

# キミの カラダを 知って いこう

### 1 キミ じしんの 絵を かいて みよう

①今の キミの すがたを かいてね。

②キミの「こうなりたい」と 思う すがたを かいてね。

- どんな かみがたを してる？
- かみ、目、はだは なに色？
- 手や 足の 大きさは？
- いつも どんな ふくを きているの？

- どんな かみがたに してみたい？
- かみ、目、はだは どんな 色が すき？
- どんな ふくを きてみたい？

### 2 頭の てっぺんから 足の先まで、ぜんぶ さわって 名まえを 言ってみよう

あたま―まゆげ―目―はな―耳―口―あご―くび―かた―に のうで―ひじ―うで―手―ゆび―わき―むね―せなか―おし り―おなか―おまた（おちんちん）―ふともも―ひざ―すね― あし―ゆび

黄色の ぶぶんを「プライベートゾーン」と 言うよ

プライベートゾーンは、とっても 大切な ところ。
**大人に なるまで さわって いいのは キミだけ だよ。**
キミの プライベートゾーンは、
おうちの人も ひつような 時しか さわれないよ。

もちろんキミも、
おうちの人の プライベートゾーンを
さわらないように 気をつけよう！

びょういんの おいしゃさんは キミの カラダを さわることが あるけれど、
これは キミの カラダの けんこうを 知るために ひつようなこと。
その時は かならず、おうちの人や しんらいできる 大人と いっしょに いよう。

### ❸ 下の絵の プライベートゾーンに すきな色を ぬろう

プライベートゾーン は
**みずぎを きた時に かくれるところ＋口**
と おぼえると いいよ。

みずぎで かくれる ところは、
**見せちゃ ダメ！**
**さわらせちゃ ダメ！**
**だれかのを さわっちゃダメ！**

口も だいじな
プライベートゾーンだよ。

だれかの 口を さわらないように 気をつけよう。
キミの口も、さわらせないようにね。

キミの カラダは キミだけの もの！
とっても とっても だいじな カラダ。
しっかり おぼえておいて！

❹ つぎの文を 正しく かんせいさせてね。
　㋐と㋑の どちらが 正しいかな？

①プライベートゾーンは
　㋐みずぎで かくれる ぶぶん。
　㋑みずぎで かくれる ぶぶんと 口。

②おうちの 外で はだかに なるのは
　㋐よくないこと。
　㋑おもしろいから いい。

③知らない人に 手を つながれて イヤだった。
　でも プライベートゾーンじゃないから……

　㋐プライベートゾーンじゃないけど、さわられて イヤだったら イヤだと言う。
　㋑プライベートゾーンじゃないから、ガマンしないと いけない。

④おんせんで はだかの 人が たくさん いたから
　㋐じろじろ見た。
　㋑見ないようにした。

プライベートゾーンじゃなくても、
手や足、カラダのどこでも、
さわられて イヤだと思ったら、
「イヤだ」「やめて」って言っていいんだよ。

キミのカラダとココロは、キミだけのもの！

# 「イヤ」と かんじたら つたえよう

キミの カラダは 100 パーセント キミのもの。
キミが 少しでも「イヤだ」と かんじることには
「イヤ」「やめて」と 言って いいんだ！

知らない人 だけ じゃなく、
お友だち、しんせき、かぞく でも、
「イヤだ」と かんじるタッチを された時は
「イヤ」「やめて」と 言おう！

もし だれかに タッチを されて
「ヒミツだよ」「ナイショだよ」と 言われたら、
それは わるいタッチだよ。
そんなことが あったら、かならず おうちの人や、
しんらい できる 大人に つたえよう！

でもさ、なんて 言って つたえれば いいか、
わからない 時も あるよね。
今、おうちの人や しんらい できる 大人と
いっしょに、合図を きめよう。

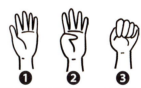

例：「助けて」を伝える世界共通のハンドサイン
❶→❷→❸の3アクションです

### POINT!

まだ小さいうちは、身体をさわられることの目的や意味もよくわからず、とくに不快に感じない子もいます。かといって「そういうことをする悪い大人がいる」など具体的に話して怖がらせるのもよくありませんので、「もし、そういうことがあったら教えてね」「合図はどんなのがいいかな？」と、やさしく淡々と話を進めてください。
合図はなんでもいいので、**どんなやり方だったら伝えられるか**を一緒に考えてください。

**例）悲しい顔のマークの券を作って渡しておく**
→悲しいことやイヤなことがあった時に使う
**合言葉をつくる**
→「2人になりたい」や「お化けが出た」など合言葉は「子どもがすぐに覚えられる言葉」にしましょう。そしてこの合言葉は口外しないように、家族だけの合図にして、忘れないよう定期的に確認したり変更したりしましょう（「大事なことは言わない」の練習にもなります）。

❶ 下の絵の、キミが「さわられたくない」と 思う ばしょと、
人に「さわらせては いけない」ばしょに、すきな 色を ぬろう。

さわられたくない　　　　　　　　　　　　さわらせては いけない

❷ つぎの ばしょで、とつぜん、キミが カラダを さわられたら、
どうしたら いいかな？

①ようち園・ほいく園・学校で、先生や ほかの大人に、カラダを さわられた。
②スーパーや 本やさん などで 買いもの中、知らない人に カラダを さわられた。
③しんせき（おじいちゃんやおばあちゃん、おじさんおばさん、いとこなど）の 家で、その家に いる 人に カラダを さわられた。

• POINT! •

❶「自分の身体は自分のもの」なので、全身に色を塗ってもいいです。また、プライベートゾーンを塗っていなかった時は、教えてあげてください。

逆に「さわられたくない」部分がなくても、「さわらせてはいけない」部分を理解していればそれで問題はありません。ただ、**「この子は不快感を感じないんだな」と保護者が知っておく**ことが大事です。

❷ここでは「カラダをさわられた」と書いていますが、できれば「カラダ」の部分を「おしり」「むね」「おまた・おちんちん」など、プラベートゾーンの部位に置き換えて話をしてください。ただ子どもによっては怖がるかもしれないので、その子の性格や環境に合わせて伝え方を決めてください。

①「イヤ」「やめて」と言って、他の先生や大人のところに走っていき、帰ったらおうちの人に伝える。②走って保護者のところに逃げる。または保護者を大きな声で呼ぶ。1人の時は、店員に「たすけて」「こわい」「ここタッチされた」と伝える。③すぐに保護者のところに戻り、離れない。そして前ページの合言葉や合図を使う。1人なら「お腹がいたい」「気持ちが悪い」と言って早く帰る。

最後に、「もし、こんなことがあったら、大事なことだから必ず教えてね」と語りかけてください。

もし親戚などの身近な人にさわられたと言われた時、「まさか」と思っても、「気のせいじゃないの？」など、否定するようなことは絶対に言わないように注意してください。1度否定された子どもは、2度目に同じことがあった時、なにも伝えてくれなくなることが多いのです。

まだ小さいうちは性的な意味がわからず、さわられてもイヤな気持ちにならないこともあります。そんな時でも、とにかく**プライベートゾーンをさわられた時には、必ず教えてもらえるような環境をつくっておく**ことが大切です。

# 第3章　暴力と安全確保

暴力の種類
暴力やいじめを見つけたら報告する
暴力やいじめから身を守る

# ぼう力には しゅるいが ある

いじめ、ぼう力は、ぜったいに しては いけない ことだって、知ってる よね。

「からかって あそんで いるだけ」と 思って いても、それが いじめ・ぼう力に なっている ことがある から きをつけよう。

### からかい
「1たい1」や「1たい2」の 少ない 人数の 中で 起こる ことが 多い。
だれかが ころんだり、しっぱいを した時 など、それを わざと 大きな 声で 言ったり わらったり する。
からかわれた方が「やめて」と 言ったり、イヤな 顔を したら やめる。

### いじめ
いじめる人が 2人以上のグループ、または クラスぜんたいなど、多い 人数で 起こる ことが 多い。いじわるな ことばや、かなしく なるような ことばを わざと 言う。みんなで ムシする。くつや カバンを かくしたり、いやがらせを する。
「やめて」と 言ったり、イヤな 顔を したりしても やめない。

### ぼう力
たたく、ける、かみの毛を ひっぱる、モノを なげる、長い 時間 ずっと 立たせる など、カラダが「いたい」と 思う ようなことをする。
「しね」「いなくなれ」など、ココロが「いたい」と 思う ようなことを 言う。

### POINT!

「からかい」と「いじめ」の境界線は曖昧ですが、基本的には「やめてと言われたらやめるかどうか」ということだと思います。つい、ふざけてからかってしまうこともあると思いますが、「イヤそうにしていたら、謝ろうね」「何度もしつこくからかっちゃダメだよ」と教えてください。

「いじめ」は、「イヤな思いをさせてやろう・自分が優位になってやろう」という意識が働いています。**いじめる側は、なにかしらのストレスや問題を抱えていることが多い**ので、わが子がいじめをしていることを知った時は、「どうしてそんなことをしたのか、理由を教えて」と、ゆっくり話し合ってください。家庭内に原因があることも多いのです。

「暴力」は、身体や心に攻撃を加え、傷や苦痛を与えることです。暴力には身体的暴力・精神的暴力・性暴力などがありますが、相手にケガをさせたり、心を傷つけたりする「いじめ」も、暴力になると認識させましょう。

## ❶ つぎの 絵は、㋐からかい ㋑いじめ ㋒ぼう力 の どれに なるかな？

（　）に 上の ㋐〜㋒から えらんで いれてね。

①みんなでムシする　　②モノをなげる　　③お金や モノを とったり モノを こわしたり する
（　）　　　　　　　（　）　　　　　　（　）

④ころんだ人をわらう　⑤大きな声でどなる　⑥どうぶつに 水を かけたり モノを なげたり する
（　）　　　　　　　（　）　　　　　　（　）

### POINT!

❶ ①㋑、②㋒、③㋑、④㋐、⑤㋒、⑥㋒です。

「このイラストみたいなことをしたことがある？」「誰かにされたことがある？」「お友達でこんなことをしている子、されている子はいる？」など、問いかけてください。また、それぞれのイラストを指さしながら、具体的にどう悪いのかを話しましょう。お金や物を取ったり壊したりするのは、子どものうちは「いじめ」で処理されがちですが、少し年齢が変われば、「犯罪」になり、警察につかまることもあると教えてください。

「どなる」は精神的暴力になります。「怒りを含んだ大声」は子どもに恐怖を与え、これが続くと、どなられるのを恐れて萎縮して行動するようになってしまいます。時には「大きな声で叱る」ことも必要ですが、「感情のままに、怒りにまかせてどなる（どなり続ける）」のはよくありません。

「悪いことをして叱られるのは仕方がないよね。でも、こわくなるくらいに大声で怒られた時は、教えてね」と伝え、実際にそのようなことがあった時は、しっかりを話を聞き、保護者の方が状況を判断できるようにしましょう。

精神的暴力は、身体的暴力と違って傷が目に見えないので見落としがちですが、心に傷を残し（トラウマ：心的外傷）、成長過程に影響が色濃く出るので、注意が必要です。

⑥の動物に対する暴力は「動物虐待」になります。子どもが動物に対してイタズラをするのはよくある行動で、注意したり叱ったりする必要がありますが、もしあまりにひどい行為をくり返す場合、心になにか強いストレスを抱えているかもしれません。しっかり話をきく機会をつくってください。また動物虐待も犯罪になることを教えましょう。

## 2 こんな時、どうする？

①キミの お友だちや きょうだいが、学校で だれかに いじめられて いるのを 見た時

- ㋐先生に言う
- ㋑いじめられている お友だちや きょうだいに 声をかける
- ㋒おうちの人に 言う
- ㋓しらんぷりをする

②あまり よく 知らない お友だちが、公園で だれかに つきとばされたり、何人かに かこまれて いじめられて いるのを 見た時

- ㋐すぐに 間に 入って 止める
- ㋑お友だちの 手を ひっぱって にげる
- ㋒近くの 交番に 行って たすけを もとめたり、近くのお店に 行って 110番 して もらう
- ㋓気づいて いない ふりを して、公園を 通り すぎる
- ㋔近くに いる 大人に つたえる

たすけたくても、こわくて たすけられない 時って あるよね。

そんな 時は ムリを しないで、大人に たすけて もらおう。

### • POINT!

**2** ここでは、「こんな時、わが子がどんな行動をとるのか」を知ってください。また「いじめられている人を助ける方法」の例をいくつか挙げています。

　正義感が強く、あまりに無鉄砲に止めに入るのも危険な場合（いじめている側が誰にでも手をあげるなど）がありますし、㋓のように無関心なのもよくありません。

　子どもの性格に合わせて「どうしたら助けてあげられるかな？」と、できることを一緒に話し合ってください。

# きずついた ココロは もとには もどらない

❤️ やってみよう

① きれいな おり紙を 1まい よういしてね。すきな 色で いいよ。

② その おり紙に、ひとこと わる口を 言って、おり紙を くしゃっと にぎってみて。
そして、なんども わる口を 言って、1つ わる口を 言うたびに、
おり紙を くしゃっと にぎるのを くりかえして いってね。

③ なんども なんども わる口を 言われた おり紙は、丸まって 小さく なったかな？

④ こんどは その おり紙に、
わる口を 言ったことを ゆるして もらえる ように 声を かけて みて。
「ごめんね」「自分が わるかったよ」「大すき」など
声を かける たびに、
くしゃくしゃに なった おり紙を
少しずつ 広げて いって みて。

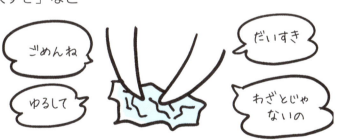

⑤ しっかり 広がる まで 声を かけたかな？　おり紙は どんなふうに なっている？

⑥ おり紙は もとに もどったかな？　しわしわだね。
そう、もとの ツルツルの きれいな おり紙には もどって ないよね。
**これが、いじめや ぼう力を うけた ココロだよ。**
きずついた ココロは もとには もどらないんだ。
**これが、ぜったいに いじめを しては いけない りゆうだよ。**

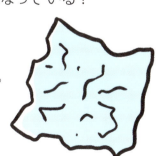

※ YouTube や SNS に投稿された動画をもとに作成しました

# ぼう力は ぜったい ダメ!!

キミが なにか しっぱいを したり、
まちがった ことを して しまった時、
それが どんな ことでも、
キミが ぼう力を うける りゆう には ならないんだ。

もし、そんな ことが あったら、
しんらい できる 大人に かならず つたえよう。
そして 守ってもらおう!!

- すぐに たたかれる
- モノで ぶたれる
- モノを なげられる

何十分、何時間も せいざ させられる

- 何十分、何時間も おこられ つづける
- 話を きいて もらえず、いっぽうてきに せめられる

- 家に 入れて もらえない
- ベランダに しめだされる
- はだしや はだか、したぎの ままで 外に 出される

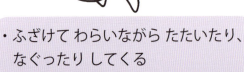

- ふざけて わらいながら たたいたり、なぐったり してくる
- プロレスの わざを いたい くらいに かけてくる
- やめてと 言っても やめて くれない

- 大人や 子どもの はだかの どう画や 画ぞうを 見せられる
（「きょういくだ」 と 言われてもダメ）

● 保護者の方へ ●

## 日々の生活に悩み、疲れた時・感情のコントロールがきかない時

　毎日忙しかったり、疲れていたり、ほかに心配ごとがあったりすると、子どもの失敗やワガママに対して、つい強くあたってしまうこともあると思います。

　こぼしたら、拭けばいい。転んだら、立てばいい。汚したら、洗えばいい。できないなら、練習すればいい。失敗は成功のもと――。

　もちろん、時には叱ることも必要ですが、ささいな失敗に対して強く怒ってしまうのは、大抵怒る側の都合によることが多いですよね。

　そんな時は心を落ち着かせたあとで、「**ごめんね、強く怒りすぎちゃったね**」**と謝り、ギュッと抱きしめましょう**。子どもは強く怒られたことで不安になっていますから、早く安心させてあげてください。ただ、**保護者の方の怒りのコントロールができない日々が続く場合は、心や身体が疲れているサイン**でもあります。

　ダメだとわかっているのに、ついカッとなってきつい言葉で責めてしまい、後悔する日々が続いた時。不意に涙が溢れて止まらなくなった時。そんな時は、家族に相談して休息の時間をつくったり、メンタルクリニック（精神科・心療内科）や心理カウンセラーに相談したりするなど、心身の健康を保つ方法を探してみてください。

　近年、メンタルクリニックは広く認知されてきましたが、ご年配の方などには、未だに偏見がある方もおられるようです。でも実際は、**みなさん口に出さないだけ**で、産後うつや不眠症、子どもの発達障害や親の認知症の相談など、子育て世代も多くの方が通院されています。うつ病にいたっては、**日本人の約15人に1人**がかかるという、とてもありふれた病気です。

　メンタルクリニックの多くは精神科と心療内科の両方を扱っており、精神科では心や脳が原因で心に現れた症状（うつ病や認知症など）を、心療内科では、心が原因となって身体に現れた症状（倦怠感や不眠など）を主に扱います。

　心理カウンセリングでは、誰にも言えない悩みや不安などを吐き出すことで、心と頭を整理する手伝いをしてくれます。

● **落ち込みや感情のコントロールができない・急に涙が出てくる日が続く時など**
　⇨ **メンタルクリニック**
● **誰かに悩みをきいて欲しい時など**
　⇨ **心理カウンセリング**

　心のつらさをガマンする必要はありません。歯が痛めば歯医者に行くのと同じように、心が痛む時はメンタルクリニックに行きましょう。

　欧米では、カウンセリングやメンタルクリニックは誰でも気軽に利用しています。映画などでカウンセリングを受けている場面もよく観ますよね。

　日本でも、「**自分のメンタルを自分で管理する**」**という大人の選択肢の1つ**として、定期的にカウンセリングを受ける方もいます。

　また、自分のことを知らない相手の方が、自分のことは話しやすいというメリットもあります。ただ、自分の内面を話すわけですから、**医師やカウンセラーとの相性も重要**です。

　しばらく通ってみて、不信感や違和感が大きい時は、違うクリニックにも行ってみましょう。身体の不調でも「セカンド・オピニオン」は当たり前のことですから、気にする必要はありません。

　**心がつらい時は、一度、「メンタルクリニック」「心理カウンセリング」を検索してみてください。**

### クリニック選びのポイント

● **ホームページに医師やカウンセラーの名前・プロフィールなどが書いてあるか**

　メンタルクリニックなら、医師に「**精神科専門医**」や「**精神保健指定医**」**の資格**があるか、心理カウンセリングなら、カウンセラーに「**臨床心理士**」や「**公認心理師**」**の資格**があるかを確認しましょう。これらの資格がなければダメというわけではありませんが、より専門的な知識や技術、経験を持つ証なので、クリニック選びの1つの目安にしてください。

● **通いやすい場所にあるか**

　治療には一定期間、通院する必要があります。評判の高いクリニックでも、遠方では通い続けるのに負担が大きく、途中で通院をやめてしまうことがあるので、なるべく通いやすい場所で探しましょう。

　また、**検索して口コミ**などを見ると、さまざまなコメントが書かれているものですが、**書き込んだ人の性格や価値観が、自分と似てるかどうかはわかりません。**親身に寄り添ってくれる先生も、人によっては「なれなれしい」となり、端的に症状を解説してくれる先生も、人によっては「冷たい」となります。口コミは参考程度にして、まずは行ってみましょう。

❤ ❶「ぼう力では ない」と思う ものには ○、
「ぼう力だ」と 思う もの には ×を つけよう。

①お友だちと ハイタッチした
（ ）

②とつぜん、まるめた紙で
たたかれた （ ）

③まだ あそびたかったのに、
おうちの人に「帰るよ」と
強く 手をひっぱられた
（ ）

④わるいことを したから、と
ベランダや 外に 出されて
家に 入れて くれなくなった
（ ）

⑤お友だちを たたいたら、
おうちの人が「あの子は
このくらい いたかった」
と言って、おうちの人に
たたかれた （ ）

⑥うんどう会で「がんばって」
と、せなかを かるく
たたかれた （ ）

### POINT!

❶ ①○、②×、③○、④×、⑤○、⑥○です。まだ小さいうちは、どこからどこまでが暴力になるのか、よくわからないことも多いと思います。ここでは、「暴力を知る」というよりも「こういう時は暴力にはならないよ」という例として話してあげてください。

身体の大きな子や繊細な子など、それぞれ「痛い」「こわい」と思う場面は違いますので、お子さんに合ったシチュエーションを想定しながら話し合えるといいですね。

⑤に関しては、**「わが子が誰かを叩いた場合」というのが大前提**です。近年、「叩かない子育て」が浸透しているのは良いことですが、一方、全く叩かれたことがないために、悪気なくふざけて人を叩いてしまう子どももいます。

「叩かれるとこんなふうに痛いんだ」「自分はあの子にこんなに痛い思いをさせたんだ」ということを身をもって知ること、「痛みを知る」ことも、大切な教育だと思います。もちろんこの場合でも、何度も叩けば暴力になります。

## 2 つぎの ことが おきた時、キミは どんな ことが できるかな？

キミの できそうな ことを 下の 赤いわくの 中から えらんでね。
もし、わくの 中に キミに できそうな ことが なかったら、
キミが できそうな ことは なにか、おうちの人と いっしょに 考えよう。

○知らない 大人に 手を ひっぱられた。
○顔は 知ってるけど、どこに すんでいるのか 知らない 人に「ちょっと こっちに おいで」と 手を ひかれた。

○お友だちが ふざけて「ふくを ぬげ」と 言ってきた。
○2人だけの へやで 知っている 大人が カラダを さわってきた。

○同じ 学校の 子に なぐられた
○先生に いつも ムシされる
○おうちの人の キゲンが わるい 時に なぐられたり、たたかれたりする

- 大声で「やめて」と さけぶ
- 走ってにげる
- おうちの人に そうだんする
- しんらい できる 大人に そうだんする
- 学校の 先生に そうだんする
- 110番する
- ぼうはんブザーを ならす
- なかよしの お友だちに そうだんする

だいじな ことを 言うよ。
ぼう力を うけた キミは なにも わるく ない！
わるいのは ぼう力を ふるった人 だよ。

### 💛3 つぎのうち、わるいのは だれでしょう

「わるい」と 思う方に ○をつけてね。

①しゅくだいを 何回も わすれる子を しかって、先生が たたいた。

わるいのは
何回も しゅくだいを わすれた子　・　たたいた先生

②公園で 1人で あそんでいた子が、
「おかしを あげるから こっちに おいで」と 言われて 知らない人に ついて 行ったら、
カラダを ベタベタ さわられて イヤな思いをした。

わるいのは
・カラダをさわった人
・知らない人についていった子

### ● POINT！

💛3 悪いのは、①叩いた先生、②身体をさわった人です。「何度も宿題を忘れる子も悪いし、知らない人について行った子も悪い」、だから「仕方がない」ということはありません。

それは失敗やよくないこと、改善すべきことであり、暴力を受ける理由にはなりません。

「どんな理由があっても、暴力はふるった方が悪いんだよ」と、小さなうちからしっかりと伝えることで、**暴力を受け入れない体質**になってもらうことが大切です。

理不尽な暴力を受け入れてしまうことがないよう、また、**自分が暴力をふるうことに嫌悪感を抱くよう**、今のうちからその種をまいておきましょう。

②に関しては、もし被害にあった場合は「おおごとにしたくない」という気持ちもわかりますが、保護者の方だけでも、必ず一度は心のケアの専門家に相談してください。

「まだ小さいから覚えていないだろう」「すぐ忘れるだろう」という希望的観測は捨ててください。

**思春期になり、「自分の身になにが起こったのか」を理解した時に苦しむことになります。**

● 保護者の方へ ●

## 性被害について

近年、女児だけでなく男児の性被害も多く報道されるようになりました。誰しも「わが子がまさか」と、考えたくもないことではありますが、実際に被害にあった子も、その保護者も、同じ気持ちで日常生活を送っていたはずです。

かと言って、**過剰に警戒して子どもの活動範囲を狭めたり、他人を信じる力や自由な心を脅かしたりしてしまうのもよくありません**。まだ小さいうちはとくに、「世界は素晴らしく、やさしさで満ちている」と、安心してのびのびと、この世界を信じて成長してほしいものです。

そのためには、どんな小さなことでも、とにかく日々の出来事を保護者に話す環境をつくること、そしてその話題から「あぶないかもしれない」と思うことがあれば、保護者がアンテナをはること、そしてそのアンテナを**「わが子に気づかれないようにすること」**が大切だと考えます。

幸いまだ小さいうちは、しっかりした口調で「そこに行ってはダメ」などと伝えれば深く追及されることはありません。「なんでかわからないけど、ダメって言われたから行かない」と思ってもらえればいいと思います。「なんで？」「どうして？」と問われても、上手な言い訳を考える必要はありません。「ダメ」で押し切ってもいいです。子どもは理不尽に感じるかもしれませんが、のちに大人になって気づいた時に、「知らないうちに守られていたんだな」と理解してくれるでしょう。

また、もし被害にあったら、必ず保護者の方だけでも、下記のような窓口に連絡し、その後の対応を相談してください。

カウンセラーから子どもとの面談を求められた時、なにをされたのか、どこをどんなふうにさわられたのかなど、根掘り葉掘り聞かれるのではないか……と、不安になる方も多いと思います。しかしカウンセリングでは、「相手が口を開くのをゆっくりと待つ」「話してくれたことは、どんなことでも受け止める」というのが基本です。「なんでそんな人についていったの？」など、**相手を責めるような聞き方もしません。**

相手が口をつぐめば、それ以上の**深追いもしません。**

**話したくないことは話さなくていい**のです。

性被害でのカウンセリングでは、まず「あなたはなにも悪くない」「あなたに責任は一切ない」「悪いのは加害者だけ」ということを認識してもらうのを目的としています。その上で、「怖かった」「気持ち悪かった」などの気持ちによりそい、「もう大丈夫」「安心して日々を過ごしていい」という、**世の中への信頼を取り戻すサポート**をします。

幼いうちはまだよくわからず、漠然とした恐怖や違和感で済んでいたものがやがて地雷となって、5年後、10年後に爆発し、トラウマに苦しめられている方が非常に多いのです。

---

**性被害相談窓口**

地域によって受付時間が異なる場合があるので、**まずは検索**してみてください。（2024年4月現在）

- **性犯罪・性暴力被害者のためのワンストップ支援センター（内閣府男女共同参画局）**
  産婦人科医療やカウンセリング、法律相談などの専門機関とも連携している電話相談窓口です。
  最寄りのワンストップ支援センターにつながります。
  **♯8891　または　0120-8891-77**

- **性犯罪被害相談電話　ハートさん（警察庁）**
  お住まいの地域の性犯罪被害相談窓口につながり、カウンセリングを受けることができます。
  **♯8103**　※SNS相談窓口もあります。

- **Cure time（キュアタイム）（内閣府男女共同参画局）**
  SNSで相談できるサービスです。受付時間：17：00～21：00（毎日）

- **Unlace（アンレース）**
  公認心理師・臨床心理士といった資格を持つカウンセラーに、チャットやビデオ形式で相談ができるオンライン完結型のカウンセリングアプリです（24時間受付／有料）。

# あだ名（ニックネーム）は自分できめよう

キミは みんなから、どんな あだ名で よばれたい？

じぶんの あだ名を じぶんで きめて、お友だちに つたえる れんしゅうをしよう。

### ❤1 じこしょうかいを しよう。

下の □や△に入る、よばれたい 名まえや あだ名を、おうちの人と いっしょに 考えよう。

「わたしの・ぼくの 名まえは ○○です。□□って よんでね。△△でも いいよ」

あだ名 じゃなくて「○○くん・ちゃん」だけ でも、よびすて でもいいよ！
名まえと ぜんぜん かんけいない あだ名 でもいいんだよ。

これから その あだ名で よばれる ことに なる から、よく 考えてね。自分の あだ名が きまったら、お友だちや 学校の 先生に つたえよう！

### 💙2 つぎの ことで、いいと思う ものに○、よくないと 思うものに ×を つけてね。なんで そう 思ったのか、その 理由も 話してみよう。

① （ ）「□□って よんでね」と 言われたから「□□」って よんだ。
② （ ）お友だちや、はじめて 会った 子に あだ名を つけた。
③ （ ）「□□ってよんでね」と つたえたのに、ちがう あだ名で よばれたから、「ちがうよ。□□だよ」と つたえた。
④ （ ）おもしろい あだ名を 思いついた から、お友だちを その あだ名で よんだ。

#### • POINT!

💙 ①○、②×、③○、④×です。

「初めて 会った 子には、なんて 呼べばいい？ってきいてみてね」「面白いと思っても、勝手にあだ名をつけちゃダメだよ。本人はイヤかもしれないからね」などと話してください。

あだ名は、名前に関するものだけでなく、見た目やその子のクセ・特徴などでつけられることが多くあります。中には悪意がひそんでいることも少なくありません。いじめやからかいのもとになるということで、近年では「あだ名禁止」の学校もあるようです。しかし、あだ名自体は悪いものではなく、親密さの象徴でもあり、仲間意識を生み出すなど、メリットもたくさんあります。

そこで、自分のあだ名は自分で決めれば、人を傷つけるあだ名も、自分が傷つけられるあだ名も発生しません。また、**もし違うあだ名で呼ぶ子がいれば、その子との関係性に大人が気をつけることができ、トラブルの早期発見にもつながります。**

# 第4章
# 幸福になるために必要なこと

いろいろな人がいることを知る
コミュニケーション
仲間からの圧力（同調圧力）
よいふれあいと、よくないふれあい

# いろんな人の気もちを考えよう

キミのまわりには、いろんな人が いるよ。

目や耳、手足が ふじゆうな人、
話すことが できない人、お年よりや、
おなかの 大きな にんぷさん。
それぞれの人の気もちを だいじに しよう。

❤ **① あいての 気もちを たいせつに して いる のは どっちかな？**

①足が ふじゆうで 歩行器を つかっている 子に たいして

できないと きめつける

あいての したい ことを 知り、いっしょに 考える

②なかなか ことばが 出て こない 子に たいして

時間が かかる から 先に 話を すすめる

ゆっくりまつ

・・・・ **POINT!** ・・・・

❤ ①まずはこの子の「ドッジボールをしたいという気持ちを大切にしよう」と伝えましょう。

「できないよって決めつける前に、どうしたらこの子も、みんなとドッジボールができるか考えてみよう」と話してください。なにも案が浮かばなかったら、「この子は外野専門にして、その分、誰かにあてたら２人内野に戻れるルールにしたらどうかな？」などとヒントを出してもいいですね。

「大人に相談したり、自分たちで考えてみたり、なにだったらできるかこの子にきいてみたりしたら、うれしいと思うよ」と伝えてください。

②こちらも同じように、「話をしたい」という、その子の気持ちを大切にするように伝えてください。言葉が出にくい子だけじゃなく、食べるのが遅い子や作業が遅い子も、ゆっくり待ってあげましょう。なにか理由があるのかもしれません。

💙2 ショッピングモールで 下の 人たちが 2かいに 行きたいと 思って いるよ。
それぞれ、どうやって 行くことが できるかな？ すべてえらんでね。

くるまいすの人

けんこうな人

足がふじゆうな人

ベビーカーの人

エレベーター ・ エスカレーター ・ かいだん

💛3 キミが エレベーターに のって いると、とちゅうで 車いすの人が
のろうと して きたよ。だけど エレベーターは 人が いっぱい。
こんな時、キミは どうする？

自分が おりて、
車いすの 人にゆずる

だれかが ゆずるかも……
と 思いながら、
知らない ふりをする。

### POINT!

💙2 車いすの人とベビーカーの人は「エレベーターのみ」、松葉づえの人は「エレベーターとエスカレーター」と手段が限られています。健康な人はどの方法でも行けるので、エレベーターやエスカレーターの使用は彼らを優先するように伝えましょう（そもそも、今はほとんどのエレベーターが「すべての障がい者」の方が優先です）。

💛3 このような場面では、「エレベーターを途中で降りる」という方法を教えてあげましょう。
下のマークは、援助や配慮を必要とする人を示す一例です。すべてのマークの意味を覚えなくてもよいですが、「周りの助けが必要な人たちが、これだけいるんだよ」と伝えてください。

すべての障がい者

目が不自由な人

耳が不自由な人

身体の内部に障がいがあり、外見ではわかりにくい人

義足や人工関節を使用、または内部障害や難病の人など

妊娠している人

# お友だちと コミュニケーションを とろう

お友だちとは たのしく あそびたいよね。そのためには、**いいコミュニケーション**を とることが だいじだよ

❶ **よくない コミュニケーションの とりかたは どれかな？**
つぎの 中から「よくないコミュニケーション」と 思う ものに ×を つけてね。どうして そう 思ったか、その りゆうも おしえてね。

①えがおで あいさつを する （ ）

②「これやって」と 言ったのに、して くれなかったから おこる （ ）

③わざと きこえるように イヤな ことを いう （ ）

④あいさつは はずかしいから、手を ふった （ ）

❷ **いろいろな 子と なかよく なることで、たくさんの うれしいことが あるよ。**
つぎの ような 時、「うれしいこと」は なんだと 思う？

## ❸ こんな時、どうしたらいい？

いっしょに あそびたい お友だちが、「今は 本が よみたい」と 言っているよ。
キミは どうするかな？

① いっしょに あそんで くれるまで、ずっと「あそぼう」と 言う。
② 「そうなんだ。また こんど いっしょに あそんでね」と 言って、
　ほかの お友だちと あそぶ。
③ せっかく さそったのに なんだか イヤな かんじ。「もう さそわない」と 言って、
　ほかの 人の ところへ 行く。
④ 「本なんか あとで いいじゃん」と もんくを 言う。

お友だちと いっしょに いることに つかれちゃったり、
なんだか たのしくないと 思ったりしたら、
1人に なる 時間も とても 大切だよ。

### POINT!

よくないコミュニケーション（不健全なコミュニケーション）は、相手と正面から向き合うことに勇気が出ない時に起こりがちです。

❶ ①○、②×、③×、④○です。②のように自分の意見が通らなかったことで怒ったり、③のようにいじわるなことをしたりすると、「された子は悲しくなるよ」と教えてください。また④については、口に出してあいさつするのが恥ずかしい時は、ジェスチャーで伝えるのも仲よくする方法だよ、と教えてあげましょう。

❷ 回答例としては、①楽しくお話ができてうれしくなる、もっと仲よくなりたいと思う　②力を合わせてやった方が早く終わるし、もっときれいになる　③知らなかったことを教えてもらえる　などです。

❸ は、「自分がお友達の立場だったら、なんて言ってほしい？」と問いかけてください。そして、「②のようにすることが、相手の気持ちを大切にするってことなんだよ」と話しましょう。

コミュニケーション能力は、豊かな人間関係を築くのはもちろんですが、**自分を守るための武器**にもなります。社会に出た時に必ず役立つので、よいコミュニケーション能力を小さいうちから伸ばしてあげましょう。

# 「みんなと同じ」がいい時 わるい時

「みんなが しているから、自分も そうしよう」とか、「よくわからないけど、みんなと同じに しておこう」と 思う ことって あるかな？

みんなと 同じように して いい時と、しっかり 自分の 考えで こうどうしないと いけない時が あるよ。

### ❤1 話しあってみよう

**じゅぎょう中に**

**マスクはつける？**

①左と右のばめんで、「なんとなく みんなと同じ こうどうを している子」は だれ？
　上の ㋐～㋖に ○をつけてね。
②㋑の子は、もし 先生に あてられたら どんな 気もちに なると 思う？

**火事かもしれない時**

③左と右のばめんでは、どちらも「なんとなく みんなと同じ こうどうを している子」が いるけれど、左では ひなんして いなくて、右では ひなん できて いるよね。
　もし、かじが おきていたら、左の 子たちは どうなって いるかな？
④右の 子たちが ひなん できたのは、どうしてかな？

## ❷ つぎのような時、どう するのが いいと 思う?

①クラスで ないて いる 子が いるよ。
みんな 気づいて いる けど、だれも なにも 言わない。なにが あったんだろう?

㋐「どうしたの」と 声を かける
㋑ほうっておく
㋒ともだちを よんで、
　　　いっしょに 声を かける

②はっぴょう会で、みんなが「げきを やりたい」って 言うから、なんとなく、さんせいした。
でも本当は やりたくない。みんなが 手を あげて いたから、自分も 手を あげただけ……。
こんな時、どうしたら いいかな?

㋐やっぱり やりたくないから、げきを やめさせる
㋑きまった こと だから ぜんりょくで 楽しむ
㋒しょうが ないから、とりあえず やる
㋓はっぴょう会の 日に 休む

・・・・・ POINT! ・・・・・・・・・・・・・・・・・・・・・・・・・・・・・・・・・・・・・・・・・・・・・・・・・・・・・・・・・・・・・・

❶ では、「自分で考えて行動することの大切さ」を示しています。

①は㋑㋔㋖が「なんとなくみんなと同じ行動をしている子」です。「自分だったらどうする?」と問いかけ、㋑㋔㋖を選んだ時は理由をきいてみましょう。理由が「はずかしい」などの時は、「だれもヘンだと思わないよ」と教えてあげてください。

②と③でも、子ども自身にその場面を想像させてみて、その上で、「困るよね」「火事だったら大変だよね」と伝えてください。

④ではみんなが無事避難できていますが、それは、「非常ベルが鳴ったら避難する」という自主性を持った子のおかげです。「みんながどうするか」よりも、まず「自分はどうするか」「自分はどう思うか」を考えられるようになれたらいいですね。

大人でも「同調圧力」や「正常性バイアス」(心の平穏を保つために、多少の異常事態なら「大したことはない」と思いこもうとすること)には振り回されます。小さいうちから少しずつ「自分で考えて判断すること」を練習していきましょう。

❷ では、まずは「自分はどうしたいか」を確認した上で、「どうするのがいいか」を一緒に話し合ってみましょう。

①は、みんなが見て見ぬふりをする中、1人で声をかけるのは勇気がいるかもしれません。もし㋑を選んだ場合は、先生に伝えたり、㋒のようにお友達を誘ったり、「どういう方法があるかな?」と、わが子ができそうなことを一緒に考えてください。

②のように、なんとなくみんなに合わせたけれど、よく考えてみたら「やりたくない」と思うこともあると思います。そんな時は、㋑や㋒のように「とりあえずやってみたら楽しい時もあるんだよ」と伝え、周囲に流された時でも、前向きに楽しむ選択肢もあることを教えてあげましょう。

㋐は「自分がイヤだからといってやめさせるのは、みんなの気持ちをムシしているよ」と伝え、㋓は「急に休んだらみんなに迷惑がかかるよ」などのほか、「最初に自分も賛成したのだから、ちゃんとやる責任があるよ」と、「責任」について話すこともできればいいですね。

47

# 「すき」の つたえかた うけとめかた

> すきな人と 手を つなぎたい、ハグしたい、キスしたいと 思うのは、とても しぜんな ことだよ。

> でも、キスや ハグが にがてな 子も いるんだ。すきだけど ハグされるのは イヤな子、はずかしいと 思う子、いろんな子が いるよ。

> そして、キミが ハグされるのは イヤだな、と 思ったら、「やめて」って 言っていいんだよ。

❶ すきな人に ハグしたくなったら、どうすれば いいと思う？

① したいと思ったら ハグをする

「ハグしていい？！」

② ハグしていい？ ときく

❷ お友だちに「ハグしていい？」と きかれたけど、キミは「イヤだな」「はずかしいな」と思ったよ。こんな時、キミは どうやってことわる？

① 「イヤ」と ハッキリつたえる　② 「ごめんね」と言ってはなれる
③ わらって ごまかす　④ 「今日は やめとく」と つたえる

❸ 下の 絵では、2人とも たいせつな ことを つたえて いるよ。

①左の子が つたえている たいせつな ことは なにかな？
②右の子が つたえている たいせつな ことは なにかな？
③右の子が なにも 言わずに とつぜん、左の子に だきついて キスを してきたよ。左の子は どんな 気もちに なったと 思う？
キミが 左の子 だったら どう 思う？
④右の子は、大すきな 左の子に ハグや キスを ことわられたよ。
キミが 右の子だったら、左の子に なんて 言う？
どんな こうどうを するのが いいかな？

• POINT!

❶「キスやハグをしたくなった時は、キスしていい？ ハグしてもいい？ と、きいてからにしようね」と伝えてください。

❷ ①②④の中で、子どもに合った断り方が正解です。もちろん、意思を伝えることができれば、ちがう言葉やジェスチャーでもいいです。③は×です。嫌われたり怒らせたりするのを恐れて断るのが苦手な子が、③をしがちです。でも「笑う＝OK」と受け取られることが多いので、「イヤな時はちゃんと言わないと、伝わらないんだよ」と教えてください。

❸ ①では、左の子が「イヤだ、さわられたくない」という自分の気持ちをちゃんと伝えています。

②では、右の子が、「大好き」という自分の気持ちを伝えて、ハグしてもいいか、キスしてもいいか、と相手の気持ちをきいています。

③では、左の子の気持ちを考えましょう。悲しい、怖いという気持ちになります。泣くかもしれないし、怒るかもしれない。怖くなって突きとばすかもしれません。そして、「イヤだ」という自分の気持ちを無視されたことで、右の子を嫌いになってしまうことも。「悲しい思いや、怖い思いをさせちゃダメだよね」と話してください。

④では、「わかった、と言ってなにもしない」が正解例ですが、「大好き」と伝えるのはとてもステキなことだし、好きでもハグをするのがイヤだっていう子もいるんだよ、と話してあげてください。

もし、「好きな子から嫌われていて悲しい」という時は、どうして嫌われているか、その子がイヤがることをしていないかな？ などと話し合い、「どうしたら好きになってもらえるかな？」と、一緒に作戦を立ててあげられるといいですね。

## ❹ やってみよう

左の子は いやがって いるのに、右の子が むりやり いっしょに あそぼう として、
強く 手を ひっぱって はなさいで いるよ。

① 左の子は こわかったから、大きな 声で 近くの 大人に「イヤ！ たすけて！」って 言ったよ。
もし キミが 左の子だったら、キミは 大きな 声で「手をはなして」「やめて」って 言える かな？ 大きな 声を 出して れんしゅうして みよう。

② キミが 右の子の ような ことを して しまった時、キミは すぐに 手を はなして、左の子に あやまらなくては いけないよ。
「わるいことをした」と思った時は、「ごめんね」って 言おう。
キミは きちんと あやまれるかな？

キミの まわりに、左の子や 右の子みたいに なった子は いないかな？
**「イヤ」と 言われたら やめよう！**

### POINT!

❹ ①実際にイヤなことがあった時、どうしてよいかわからず固まってしまったり、思わず相手を突き飛ばしてしまったりすることがあります。

「イヤ」「やめて」という拒絶は、大人でもできないことがありますよね。きちんと「NO」と言えるかどうかは、意外と慣れの問題でもあります。

いざという時に「イヤ」「やめて」とハッキリ言えるように、実際に声に出して練習してみてください。

**「イヤな時はちゃんと断る」ことは、健全な人間関係を築く上で非常に重要です。**大人になっても「断り切れない人」「察してくれるのを待つ人」はいますので、今のうちからたくさん「断る練習」をさせてあげてください。

②では「思わず相手にイヤな思いをさせてしまった時」の練習です。

「右の子も怖がらせるつもりはなかったよね」という気持ちを受け止めた上で、「それでも、相手がイヤがっていたらすぐにやめなくちゃダメだよ。これが大人だったら、警察に捕まることもあるんだよ。手を離して、きちんと謝ろうね」と話してください。

# ハグや キスの ルール

すきな 子や たいせつな 人に ハグや キスを する時、だいじな ルールが あるって 知ってる?

それは、「キミとあいてが、ハグや キスを したい・してもいいと 思って いること」だよ。

お口どうしの キスは、大人に なるまで たいせつに とって おいてね。お口は「プライベートゾーン」だからね。

♥ **これらの ハグや キスは しても いいこと かな?**

「してもいい」と 思ったら ○、「してはいけない」と 思ったら ×をつけてね。

①おうちの人 どうしで ハグをする　（　　　）

②はじめて 会った 子だけれど、すき だから ハグをする　（　　　）

③おうちの人が ほっぺに キスを してくる　（　　　）

④れんしゅうを いっしょに がんばって きた なかまたちと、はっぴょうが うまく いった ことや、チームが かった ことを よろこんで ハグをする　（　　　）

⑤おうちの人が 口に キスを してくる　（　　　）

⑥外国人が あいさつの ハグを する　（　　　）

⑦お友だちに キス したく なったので、ほっぺに キスをする　（　　　）

### POINT!

①○、②×、③○、④○、⑤×、⑥○、⑦×です。②は、ハグをする時は、「ハグしていい?」ときいてから、と伝えてください。⑤は、家族でも口へのキスはやめた方がいいでしょう。⑦は、口は避けてほっぺにしていますが、「キスしていい?」と相手に確認していないので×です。⑥に関しては、日本人は「欧米の方は誰とでも挨拶でハグやキスをする」と思いがちですが、実際はある程度親密な関係でなければしません。親密であれば、日本人よりも気さくに行われているだけです。「そういう文化。それが当たり前の国もあるんだよ。日本人はお箸を使うけど、アメリカ人は使わないのと一緒だよ」など、文化についての話もできるといいですね。

# お友だちがケガをした時に気をつけること

お友だちが ころんで、ひざから 血が 出ているよ。
下の絵の うち、どっちの こうどうが いいかな？

手で おさえてあげる

すぐに 大人をよぶ

なかよしの お友だちでも、
血は さわらないように しよう。
すぐに 大人を よんで あげてね。

### POINT!

子どもには、「血はさわらないように」ということを意識させましょう。子どもは感染症の仕組みがわからないので、とにかく「血にさわらない」ということを徹底してください。

子どもがケガをした際には、まずは患部を水で流して、砂やよごれを落とし、そのあとに処置しましょう。とくに、公園などでケガをした場合、ぬらしたハンカチでふいただけでは、傷口に入ったこまかな砂やバイ菌が落ちないので、最初に水で流すようにしてくださいね。

# 第5章　人体と発達

自分の身体は自分で管理する
自分のプライベートゾーン
妊娠と出産

# 自分の プライベートゾーン について

自分の カラダを 知りたいと 思うのは ふつうのことだよ。

でも、だれかが いる ところで 自分の プライベートゾーンを 見たり さわったり しないでね。

だれかの前で さわるのは、よくないこと だよ。そういうのを 見ると、イヤな 気もちに なる人 も いるんだ。

プライベートゾーンは とっても 大切な ところ。もし、かゆくなったり、いたくなったり した時には、さわっちゃ ダメだよ。
すぐに おうちの人に つたえてね！

### POINT!

　子どもが自分の性器をいじることや、興味を持つことは自然なことです。

　男の子はとくに、おちんちんでふざけることが大好きです。また、男の子でも女の子でもさわりグセがあって、心配しておられる保護者の方も少なくありません。

　**プライベートゾーンは「大切なところ」であって、「タブー」ではありません。** あくまで「プライベート（個人的）なゾーン（範囲）」なので、人前で見たりさわったりしていなければ、基本的には好きにさせていいと思います。

　1人でこっそり性器をいじっているのを見かけても、よほど長時間でもない限り、放っておいてあげましょう。

　家族の目の前でさわり出したら「ほかの部屋に行ってね」「バイ菌がつくといけないから、キレイな手でさわってね」と言うくらいはいいと思います。

　ただ、いつもより頻繁な時は、「かゆいの？ 痛いの？」「そこが気になるようなことがなにかあった？」などときいてみてください。

　人前でさわっているのを見かけたら、「やめようね」と、やさしくシンプルに伝えましょう。

# もしも プライベートゾーンで あそんでいたら……

プライベートゾーンで あそんだり、
ふざけたり するのは とっても わるいこと！

♥ お友だちが ふざけています。キミはどうする？
（　）に○をつけてね。

①お友だちが ズボンをぬいだり、
　スカートをあげてパンツを見せたり してくる

- ㋐（　）やめて、と言う。
- ㋑（　）大人に つたえる。
- ㋒（　）走って その場から にげる。
- ㋓（　）なにも 言わずに 見ている。

②お友だちが だれかの ズボンを おろしたり、
　スカートめくりを したりする

- ㋐（　）やめて、と言う
- ㋑（　）大人に つたえる。
- ㋒（　）走って その場から にげる。
- ㋓（　）見て わらう。

③キミの ズボンがおろされたり、
　スカートめくりを されたりした時

- ㋐（　）やめて、と言う。
- ㋑（　）すぐに しゃがんで 大人を よぶ。
- ㋒（　）にげる。
- ㋓（　）やりかえす。

### • POINT! • • • • • • • • • • • • • • • • • • • • • • • • •

正解は、㋓以外の回答で、「その子の性格に合ったもの」が正解になります。
できないことをムリにするよりも、できそうなことを一緒に考えてあげましょう。

# 自分の カラダは 自分で あらおう

キミは1人で おふろに 入れるかな？
6〜8さい までには
1人で 入れる ように なろうね。

そのためには、まず 自分で カラダを
あらえる ように なろう！

おまたの あらいかたは、男の子と 女の子で ちがうよ。
どっちも、やさしく あらうことが だいじ！

♥ おちんちん、おまたの あらいかた、知ってるかな？

**男の子の あらいかた**

①ふだんの　　②すこし かわを　　③まるのぶぶんを　　④かならず かわを
　じょうたい　　　下げるよ　　　　あわでやさしくあらう　　もとに もどそう

> おちんちんの かわを ムリに ひっぱると、血が出たり、はれたり するから
> 気をつけよう。やさしく あらってね。
> ④で かわを もどさないと、バイキンが 入ったり するよ。
> あらわないで いると、よごれが たまって はれたり においが したりするよ。

**女の子の あらいかた**

> てに あわをつけて、外がわを なでるように あらってね。
> おまたから おしりの方に、2〜3回くらい なでたら OK。
> なんども ゴシゴシ あらったり、おまたの 中の方まで
> あらわなくて いいからね。

● 保護者の方へ ●

## お風呂トレーニング

　なるべく早い段階で、**1人でお風呂に入れるトレーニングを始めてほしいです。**（「ふろトレ」はP58〜59を参照）

　たとえ相手が親やきょうだいであっても、「自分の裸を見せてはいけない」という意識を早いうちから持つことが大切で、**「自分の身体は自分だけのもの。自分が管理するもの」という「からだ観」を育てる**ことができます。

　おふろトレーニングの際も、補助する大人はTシャツに短パンなど、濡れてもいい服を着て行うことをお勧めします。「大人も子どもも、裸は他人には見せない」ことを意識するだけで、性被害にあう可能性は減らすことができます。

　欧米では親子でも同性でも、子どもと大人が裸で一緒にお風呂に入ることは虐待で犯罪になります。一方、日本には昔から温泉文化や「裸のつきあい」と呼ばれるものがあり、お風呂は祖父母や親と子のふれあいの場でもあります。

　しかし、近年の性被害の低年齢化を鑑みると、子どもを守るためには、このような欧米の意識をとりいれることも重要だと考えます。

　**「裸を見せる・見る」ということのハードルを高くすることが大切です。**

　2020年、**厚生労働省より「7歳以上の男女を混浴させないこと」と通知が出され、**多くの公衆浴場や自治体がそれにならっています。

　7歳という年齢の根拠は、子どもが混浴を「恥ずかしい」と思い始める年齢が、男子も女子も6歳が最も多いという調査結果が出たことによります（「子どもの発育発達と公衆浴場における混浴年齢に関する研究」2020年、研究代表者：植田誠治・聖心女子大学教授。この調査報告では、「混浴禁止は6歳以上が妥当」としていますが、「ただし6歳でも小学校入学前は可」としていることから、混乱を招かないように厚生労働省は「7歳」にしたものと思われます）。

　性の意識が芽生え始めてきた子どもには「恥ずかしいと言うこと自体が恥ずかしい」という感情があり、また、「子どもは親に気を遣う」という側面もあります。

　保護者が日々、仕事や家事で忙しいと、お風呂には親やきょうだいと一緒に入った方が楽だというのが実際だと思います。

　もちろん、親子で入るお風呂の時間は、子どもにとっても楽しい時間です。でも、**子どもの「なんだか恥ずかしい」という性の芽生えの感情も、大切にしなければなりません。**

　また、「お風呂は1人で入りたい」と子どもが言っているのに、それを許さない場合は性的虐待につながります。

　とくにお父さん側からは、「子どもとのふれあいの時間がなくなるのは寂しい」という声を聞きますが、子どもとのふれあいはお風呂じゃなくてもいいはずですよね。大人の都合はガマンして、子どもの発育・発達を優先してあげてください。

　ちなみに、ふろトレの「おふろのおやくそく」に「おうちで湯船につかっている時は、大きな声で数をかぞえる」がありますが、これは、「声が聞こえている間は無事にお風呂に入れている」という、安全確認のためです。浴槽でのトラブルの心配がなくなるまで続けてください。

　またお風呂上がりは、大人も子どもも、さっとはおれるガウンがお勧めです。裸でウロウロすることを手軽に防止できます。

　ふろトレは大変ですが、**「自分の身体は自分だけのもの」という感覚は、小さな頃からの積み重ねが大切です。**がんばりましょう！

## 男の子の「むきむき体操」

　近年、男の子の赤ちゃんの包茎をなおそうとする「むきむき体操」が一部で広がっていますが、私は必要ないと思っています。むきむき体操でむける子は、放っておいても将来自然にむけるし、むきむき体操でむけなくても、将来自然にむける子もいます。先天的な真性包茎の場合は、むきむき体操をしてもむけません。逆に、無理にむいたことで傷口からバイ菌が入ったり、むいた皮が戻らずに亀頭がしめつけられたりして、病院で治療しなければならなくなります。つまり**メリットはとくになく、デメリットの可能性だけがある**のです。赤ちゃんのおちんちんはみんな包茎です。それは、まだ弱く繊細な亀頭を包皮で守っているのであり、必要なものなのです。子どもの頃から自然勃起をくりかえすことで包皮の伸縮が十分なものとなり、亀頭や陰茎（ペニス）が大きくなっていって、ようやく自然にむける準備が整います。**正しいおちんちんの洗い方**をしていれば清潔に保てますので、自然な成長にまかせることをお勧めします。

# Let's Training！

 ## ふろトレ！
《おふろトレーニング》

トレーニングスタート！
できるようになったら「できた！」にすきな色をぬってね！

| できた！ | **Step1** ★☆☆☆☆ |
|---|---|
|  | だついじょに タオルと きがえを じゅんびすることができる<br>●きがえ：はだぎ・パンツ・ガウン・パジャマなど |
|  | ひとりで ふくを ぬぐことが できる |
|  | ぬいだ ふくを、せんたくカゴに 入れる ことが できる<br>●ぬいだ ふくのポケットの 中に なにか 入っていたら、出しておこう |

| できた！ | **Step2** ★★☆☆☆ |
|---|---|
|  | シャワーや かけゆで、カラダ ぜんたいを ぬらす ことが できる<br>●おゆに つかる前は、かけゆを しよう |
|  | ひとりで あんぜんに ゆぶねに 入れる |
| | ひとりで あんぜんに ゆぶねから 出られる |

| できた！ | **Step3** ★★★☆ |
|---|---|

 かおを あらえる

 カラダを あらえる
- 首（くび）・わき・おまた・おしり・足（あし）のゆびの間（あいだ）をわすれずに

| できた！ | **Step4** ★★★★☆ |
|---|---|

 だついじょで ガウンや パジャマを きることが できる

 だついじょで カラダを ふくことが できる
- 首（くび）や わき、おまた、せなかの ふきわすれが 多（おお）いよ

| できた！ | **Step5** ★★★★★ |
|---|---|

 かみの毛（け）を しっかり ぬらす ことが できる
- 首（くび）のうしろのかみの はえぎわは ぬれにくいよ。ぬれているか たしかめてね

 シャンプーであたまをあらえる
- ゆびの はらに 力（ちから）を 入（い）れて、あたまの はだの 部分（ぶぶん）を あらおう
- つめを 立（た）てない ように 気をつけてね

 コンディショナーや リンスを つけることが できる
- かみの 毛先（けさき）だけに つけよう

 シャンプーや コンディショナーなどを しっかり あらい ながせる
- かみの はえぎわや、えりあしの あらいのこしに ちゅうい

### おふろのおやくそく

- ぜったいに、プライベートゾーンを つかって ふざけては いけません。
- はだかに なって いいのは だついじょと おふろだけ。
- おうちで ゆぶねに つかって いる時（とき）は、大（おお）きな 声（こえ）で 数（かず）を かぞえたり、歌（うた）を うたったり しよう。九九（くく）のれんしゅうも いいね。でも これは おうちだけ。おんせんや せんとうでは、大声（おおごえ）を 出（だ）さない ようにしよう。
- おふろから あがったら、かならず ガウンや パジャマを きよう。はだかの ままや、したぎの ままで ウロウロ しては いけないよ。

# キミが生まれてくるまで

> キミは なんさいに なったかな？
> キミが 生まれてから 今まで、いろんなことが あったよね。

> じゃあ、キミが 生まれて くるまでには、どんな ことが あったんだろう？

> つぎの お話は、キミや ぼくが 生まれて くるまで、どんなことが あったのか おしえて くれるよ。

> お話を よんで もらいながら、キミが 生まれて くる時は どうだったのか、おうちの人に 話して もらおう！

### ● POINT!

次のお話は、妊娠・出産までのストーリーです。絵本を読むように読み聞かせてください。

とある「ぼく」を主人公にしていますが、「ママの時はこうだったよ」「パパはこんなこともしていたんだよ」と、実際のことをまじえながら「キミが生まれてくるまで」の物語を話してください。

パパやママが不在の家庭は、保護者の方が知る当時の様子をできるだけ話してあげましょう。

妊娠中に転んでしまって怖かったことや、音楽をかけるとお腹で踊っているのがわかったこと、毎晩夜になるとパパがお腹に話しかけていたけど聞こえてた？ など、当時を思い出して色んな話をしましょう。

苦労話もうれしかった話も、すべて「キミのための物語」です。たくさん話してくれれば、それだけうれしくなることでしょう。

また、妊娠しても、お空に帰ってしまう子どももいることや、小さな体で生まれてくる子（低出生体重児）もいることなども伝え、**「健康に生まれてくるのは、当たり前のことじゃないんだよ」**と教えてあげてください。

妊娠・出産に関してはとくに「パートナー同士の役割分担・思いやり」が重要になります。わが子の将来に備えて、お手本となるような話ができるといいですね。パパやママが不在の家庭は、将来、子どもがパパやママになる時には「こんなことがあるんだよ」「こんなことをしてあげようね」と、話してあげてください。

話し出したら長い物語になってしまうかもしれません。でも、「自分が生まれてくる時、こんなに大事に守られていたんだ」「自分が生まれてくるのを本当に楽しみにしていたんだ」と感じてくれることで、**「自分は大切な存在なんだ」**と、幼い心にもしっかりと刻むことができると思います。

# ぼくが 生まれて くるまで

パパと ママが 出会って、あいし合って、
赤ちゃんが ほしいと 思ったんだって。

精子と卵子が
いっしょになったよ！

それから ぼくは
ママの おなかの中の
おふとんで
ゆっくり ねむっていたんだ。

はやく ママと パパに
会いたいな。
でも、まだまだ。

ぼくが ママに 会えるまで、
たくさんの 時間が ひつようなんだ。
春が 冬に なる くらいの 時間だよ。
それまで ママは、ぼくを ひっしに まもって くれたんだ。
そして パパは、そんな ママと ぼくを まもって くれたんだ。

おもい ものは
パパが もって くれたり

カゼを ひかない ように
マスクを したり

ころばない ように
ペタンコの くつを はいたり

だいじな 赤ちゃんが
おなかに いることを
しらせるために、
マタニティマークを つけたり

よく ねむくなる から
おしごとの 時は
大へん だった みたい。

「こわい な…」

ぼくが 大きくなると、
おなかで 足もとが 見えなく なるんだ。
だから 毎日、ころばない ように
気をつけ ながら 生活して いたんだよ。

「つわり」って いうのが あって、ゴハンが
食べられなく なったり、
うごけなく なって、
1日中 ねていたことも
あったんだって。

どうして そんなに たくさんのことに、
気をつけていたのか、きいたんだ。

ぼくが お空に 帰っちゃう のが
すごく すごく こわかったって 言ってたよ。

ママが ころんだり、おなかを うったり、びょうきに なったり、
大きな ショックを うけたりして しまうと、
ぼくは しんじゃったかも しれないんだって。

なぜかって？
ぼくと ママは つながっているから、
ママの カラダや
ココロの いたみも、
ぼくに つたわるんだ。

でもね、
うれしい ことも
たくさん たくさん あったんだって！

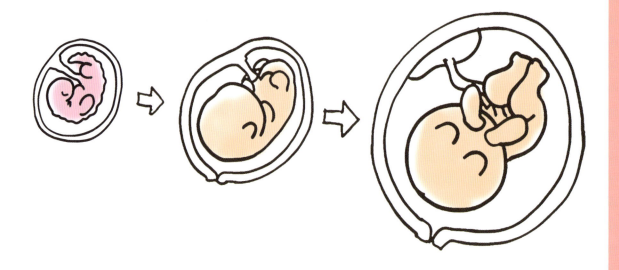

すこしずつ 大(おお)きくなる ぼく。
すこしずつ 形(かたち)が できる ぼく。
すこしずつ うごく ぼく。

ぼくと ママは つながって いるから、
ぼくは ママの「うれしい」や「かなしい」が
つたわったけれど、
ママも、ぼくの「うごきたい！」や「うれしい！」が
わかって たんだね。

ぼくは、よてい よりも 少し 早く うまれちゃった。
すごく 小さかったから、
ママと いっしょに おうちに 帰れなかった。
ちょっと、にゅういん。
ママ、かなしそうだった。
だけど ぼくは、やっと やっと ママに 会えて
うれしかったんだよ！

何日か たって、少し 大きくなった ぼくは、
パパと ママと いっしょに おうちに 帰れたよ。

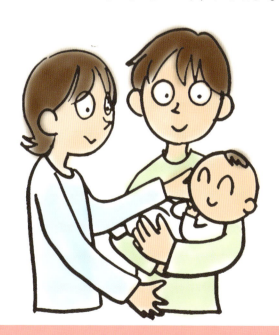

そして　　　ぼくは5さいになった。

少し前に、かぞくがふえたんだ。

だいじな
　　だいじな

かわいい
　　かわいい

ぼくのいもうと

ママは へいきそうに している けれど、
赤ちゃんを うんだ あとの ママの カラダは、
車に ひかれた人と 同じくらい ボロボロなんだって。

だから パパと ぼくで、
ママと いもうとの ために
できることを しているんだ。

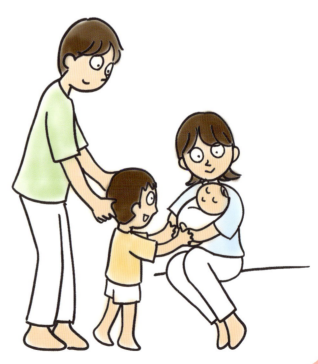

パパの おりょうりづくりを
てつだったり
あとかたづけ したり

「もっていくねー」

せんたくものを ほしたり
たたんだり

もちろん 自分のことは
自分でするよ

「じゅんび かんりょう」
「じかん だぞー」

すごいでしょ！

パパも ママも、
まいにち ぼくを ギュッと してくれるの。
「ありがとう、だいすき」って 言ってくれる。
ぼくも、だいすきだよ。

パパと ママは いつも ぼくと いもうとの ことを
宝物(たからもの)って 言(い)うよ。

ぼくたちは 宝物(たからもの)だから、
ぼくたちが きずつけられたり、とつぜん いなくなったり したら、
すごく かなしいんだって。

だから、ぼくたちは
自分(じぶん)のことを 大切(たいせつ)にしないと いけないんだって。

でも それって、どうすれば いいか よく わからない。
だから、ぼくは 毎日(まいにち)、
今日(きょう) あったことや、うれしかったこと、かなしかったことを
パパと ママに お話(はな)しすることに したよ。

そうしたら、だんだん、
「自分(じぶん)を たいせつにする 方(ほう)ほう」が
わかるように なるんだって。

# 第6章 ICT※を安全につかう

ネットリテラシーを身につける
潜在的な危険性を知る

※ICT＝情報通信技術

# スマホ・タブレット・パソコンの ルールとマナー

スマホの ゲームや YouTube は 楽しい よね。
でも、ゲームや どう画を
楽しく つかい つづけるには、
ルールや マナーを 守る ことが だいじだよ。

❶ ルールを 守っている 子は だれかな？
　守っている 子には○、守っていない子には×を つけよう。

①きめられた 時間に なったら
　見るのを やめる　　（　）

②ねる 直前まで
　見ている　　（　）

③新しいことを したい時は
　おうちの人に きく（　）

④こわい どう画や、はだかの
　人が 出てきたら、おうちの
　人に おしえる　　（　）

⑤画めんの むこうの 人の
　言うことを なんでも
　しんじる　　（　）

⑥なにか しながら 見る
　　　　（　）

## ❷ つぎの文を 正しく かんせいさせてね。㋐と㋑の どちらが 正しいかな？

①電車の中で ゲームが したかった から

㋐音を 出して ゲームを した
㋑音を けして ゲームを した

②かわいい 子犬を つれている 人が いた から

㋐しゃしんを とってもいいか、きいた
㋑かってに しゃしんを とった

③ゲームを している 時に お友だちが あそびに きたから

㋐自分だけ ゲームを した
㋑2人で 外であそんだ

④お友だちの いえで YouTube が みたくなった から

㋐お友だちの いえの スマホを かってに さわった
㋑お友だちの おうちの人に「YouTube がみたい」とつたえた

### ● POINT!

❤ ①○、②×、③○、④○、⑤×、⑥×です。

　各家庭でルールや約束を設けていると思いますので、ここにない約束があれば「ほかにもどんな約束をしたか、覚えてる？」と確認してみましょう。

　スマホは大人でも「依存症」が増えているなか、子どもが夢中になるのもムリはありません。今のうちから少しでも、**ネットとの付き合い方をコントロール**できるようになることを意識しましょう。

　また、5〜8歳では、自分のスマホを所持している子はまだ少なく（全体の約20％）、保護者の方のスマホなどを一時的に貸し与えて、動画などを楽しんでいる場合がほとんどだと思いますが、その際は、フィルタリングをかける、特定の機能を使えないようにするなどの設定を忘れないようにしましょう。また、子どもはあっという間にスマホなどを使いこなします。**設定が勝手に解除されていないか、定期的にチェック**しましょう。

　5〜8歳でも一部、すでにオンラインゲームで遊ぶ子もいますが、これはまださせるべきではありません。オンラインゲームで知り合った赤の他人も、子どもは、リアル同様の友達と思い込んでしまいます。まだネットリテラシーを身につけられない年齢のうちは、ネットで知らない人と交流するのは避けた方がいいでしょう。

　**5〜8歳という年齢は、ネットの世界よりも、目の前の身近な友達と向き合うことの方が大切な時期**です。まだリアルの世界もままならない年齢ですから、スマホなどは知らない人とのコミュニケーションツールとしてではなく、家族との連絡や、楽しい動画を観るためのツールとして使用するのがよいでしょう。

💙 正しいのは㋑、㋐、㋑、㋑です。

　①は電車内に限らず、レストランやショッピングモールなど、多くの人が集まる場所では音を消すように教えましょう。②は基本的なマナーですね。③は、「せっかく遊びに来たのに放っておかれたら、どんな気持ちになると思う？ 悲しくなるよね。一緒に遊べることをしよう」と話してください。④は、「スマホはお財布と同じくらい大事なもの。家族以外の人はさわっちゃダメだよ。家族でも、さわりたい時は持ち主の許可が必要だよ」ということを教えてください。

# インターネットの ウソ と ホント

キミは インターネットで 見たり きいたりした 話を ぜんぶ 本当だと 思って いないかな？
インターネットで 知った話は、ときどき まちがって いることも あるよ。

❶ インターネットの どう画で、「お米を たべずに、1日3杯の 牛乳を飲むと 頭が よくなる」と 話している 人が いたよ。キミは どうする？

①頭が よく なりたい から、お米を 食べずに 牛乳を 1日3杯 飲む
②お友だちにも このことを おしえて、「明日から お米は 食べない 方が いいよ」と 言う
③おうちの人や 先生に、牛乳で 本当に 頭が よくなるか きいてみる
④どうして 牛乳で 頭が よくなるのか、お米を 食べては ダメなのか、自分で 考えたり、しらべたり して、おうちの人に ほうこくする

❷ 人気のある YouTuber が、キミの 好きな げいのう人 から「だまされて、お金を とられた」と 話していたよ。キミはどうする？

① YouTuber の 言うことを 信じて、お友だちや おうちの人に、その げいのう人の わる口を 言う
②キミの 好きな げいのう人は、そんな わるいことを する人じゃない と 思って、お友だちや おうちの人に、「この YouTuber は うそつきだ」と 言う
③げいのう人が お金を とったのか、YouTuber が うそを ついているのか、自分には わからないから、ほうっておく

### POINT!

❶ ①×、②×、③○、④○です。インターネット上には、本当の情報と嘘の情報だけでなく、嘘か本当か未確定の情報、嘘でも本当でもない情報（様々な条件下によって正解が変わる）が溢れています。

これらが本当なのか嘘なのかを見極める能力（ネットリテラシー）は、5～8歳ではまだ身につきません。なので、「インターネットの人もまちがえることがあるんだよ。だから、なんでもすぐに信じちゃダメだよ」と教えてあげましょう。そして、**「信じる前に、誰かにきいてみたり、本当かな？ って考えてみよう」**と話してください。

❷ ①×、②×、③○です。ここでは ❶ のように「なんでもすぐに信じてはいけない」ことを再確認してください。また、そもそも「片方の意見だけで判断する」ことがまちがいだということと、「たとえ悪いことをした人でも、その人を攻撃してはいけない」「好きな人を守るためでも、誰かを攻撃してはいけない」ということを教えてあげましょう。

このことはネットに限らず、実際の生活でも同様だと伝えましょう。

# インターネットの いいところ・こわいところ

- おかいものが できる
- せかい中の いろいろな話を 知ることが できる
- ニセモノが とどく
- 同じアニメや ゲームが 好きな子と 知り合いに なれる
- ぜんぜん べんきょう していない人の、ただの 思いつきの話に だまされる
- 同い年の子だと 思っていたら 本当は こわい オジさんだった
- いろいろな ゲームが できる
- 100万円 はらえと れんらくが くる
- わからないことが あれば、すぐに しらべることが できる
- たくさんの人の いけんを 知ることが できる
- 自分で 考えることが できない 大人になる そして ウソの話に だまされる
- いい いけんと 同じくらい、わるい いけんや ウソ、わる口が たくさん 出てくる

大人でも、インターネットを じょうずに つかうのは むずかしいんだよ。こわい思いをした大人も たくさんいるんだ。

1人で インターネットを つかうのは、もっと いろんなことを おべんきょう してからに しようね。

● 保 護 者 の 方 へ ●

## ネットやスマホとの「距離」を身につけましょう

「ネットリテラシー」や「メディアリテラシー」という言葉をきいたことがあると思いますが、具体的にどんなことか、ご存じでしょうか。

**ネットリテラシー**とは、インターネットを安全に正しく使うための知識や能力のことです。個人情報やプライバシーを漏らさない方法や、オンラインでの詐欺やスパムを避ける方法、ネットの情報の信頼性を判断する方法、みなが気持ちよくネット上で過ごす方法（誹謗中傷や悪口を書き込まない）などです。

**メディアリテラシー**とは、メディア（新聞・テレビ・雑誌・ウェブサイト）の情報を鵜呑みにすることなく、情報の取捨選択をしつつ正しく読み取り、活用する能力のことです。

今後成長するにつれ、これらのリテラシーの必要性は高まっていきます。**とくに性に関しては、ネット上は無法地帯と言っても過言ではありません。**正しい情報も間違った情報も、玉石混淆で溢れています。

ただ、5〜8歳という年齢の場合は、まず依存しないようにすることが重要だと考えます。

スマホの使用方法や使用時間にルールを設けましょう。そしてルールを守れなかった時は、ペナルティを与えた方がいい場合もあります。

ペナルティの例としては、「没収期間を設ける」「使用時間を短くする」「好きなゲームのアプリを消す」などはどうでしょうか。

ペナルティを実行する際は、なるべく叱らず、「守れなかったね。約束どおり○日間、没収ね」「ルールを守らなかったんだから、仕方ないね」と、淡々と伝えるのがよいと思います。

そして、保護者の方も強い気持ちを持って、そのペナルティをしっかり守りましょう。

仮に「1週間没収」の約束を3日で済ませたり、泣くからといって「今回だけよ」と許してしまうと、子どもは味をしめます。そして同じことを繰り返すようになるので、注意しましょう。

中学生の子に「スマホ1週間禁止」を実行するのは、微妙な年頃の友人関係などもあり現実的に難しい面もありますが、5〜8歳の子どもの場合は、実際とくに大きな問題はありません。

子どもの悲しそうな顔を見るのはつらいですが、逆に、スマホなしでも十分に楽しめる「1人遊び」ができると、創造性が豊かになります。

**5年、10年後を見据え、今のうちにしっかりとネットリテラシーの種を植えつけておきましょう。**

右のページは、インターネットを
あんぜんに 楽しむ ための ルールだよ。
おうちの人と いっしょに 書きこもう。

うらの ページには、
「どうして この ルールが ひつよう なのか」が
書いて あるよ。
おうちの人に せつめいして もらってね。

書きこんだら ハサミで 切りとって、
おへやの 見えるところに はっておこう！

# スマホ・タブレット・パソコンのルール

_____と　_____とのルールです。

① ・もちぬしは_____です。あなたの物ではありません。

② ・使用料を はらうのは_____です。

③ ・IDや パスワードなどの かんりは_____が します。

④ ・1日の使用は\_\_\_\_\_時まで。1回の使用時間は_____分・時間とします。

　（しらべたい ものが ある時は そうだん して ください）

⑤ ・ねる時は、_____に　おいておく・もっていく。

⑥ ・平日は\_\_\_\_\_時から、やすみの日は\_\_\_\_\_時から 使用しても いいです。

⑦ ・使用するのを「やめて」と 言われたら やめましょう。

⑧ ・あたらしい アプリが ほしい時は、_____の許可が 必要です。

⑨ ・学校のお友達とメッセージの やりとりをする時は、_____の許可が 必要です。メッセージのやりとりは、大人も見ます。やさしい ことばを えらんで つかってください。くれぐれも だれかを 傷つけたり しないように。

⑩ ・どう画サイトを 見るのは かまいませんが、楽しいもの、自分の ために なるもの だけです。

⑪ ・携帯番号やタブレットのパスワードは、誰にもおしえないで ください。

※やくそくを まもれなかった時は_____

**やくそくをまもります。**　　なまえ

キリトリ線 ✂

# スマホ・タブレット・パソコンのルールについての説明

① ・スマホ・タブレット・パソコンは私（保護者）の持ち物です。あなた（子ども）に貸すことにします。

② ・使うにはお金がかかります。私（保護者）が払います。

③ ・IDやパスワードが必要なものには、お金がかかることがあるので、私（保護者）が管理します。

④ ・画面を見る時間がふえると、あなたとお話しする時間がへります。また、目・首・腰・姿勢も悪くなるので、使用時間を決めます。

⑤ ・寝る時も見ていると、よく眠れなくなります。次の日、つらそうな姿は見たくありません。

⑥ ・宿題や習い事など、時間を上手に使いましょう。

⑦ ・やめられない時は、すでに画面の向こうの世界にのっとられています。危険です。

⑧ ・そのアプリがあなたにとっていいものかどうか、確認します。

⑨ ・あなたが知らないうちに誰かを傷つけていたら、ちゃんと教えます。

⑩ ・あなたがどんな動画を見たか、わかります。

⑪ ・画面の中にも画面の外にも、悪い人はたくさんいます。悪い人に個人情報を知られると、家族みんながこわい思いをします。

※約束を守れなかった時はペナルティを実行します。

**あなたが約束を守れることを信じています。**

# ココに注意！
# 防犯対策

# 「知らない人」ってどんな人？

「知らない人に ついて いかないでね」って
よく 言われるよね。
でも、「知らない人」って どんな 人の ことだろう？

キミの 思っている「知らない人」と、
おうちの人の「知らない人」は 同じかな？

♥キミの思う「知らない人」に×をつけよう

①いつも すれちがう時に 手を ふってくれる人（　）

②おともだちの おうちの人（　）

③学校や ならいごとで 会う おともだちや 先生（　）

④いつも 公園にいて やさしく 見まもってくれる人。
よく 話もするし、いっしょに あそんだりも するけれど、名前や どこに すんでるのかは 知らない
（　）

⑤おうちの人が よく お話ししてる人。
おうちの人は とても なかよし みたい だけど、
キミは 名前も 知らない人（　）

78

①は×。「知らない人」。
顔は 知ってるけど、「顔しか 知らない人」だよ。

②は「知っている人」だね。
おともだちの 家に あそびに
行く時は、おうちの人 どうしで
れんらくを とって もらおうね。

③も「知っている人」。
たくさんの 人と なかよく なれると いいね。

④は×。この人も ①と同じように「顔しか 知らない人」。
おしゃべり したことが あっても、
名前も 住んでいるところも 知らない人は
「知らない人」だよ。

⑤は×。おうちの人は 知ってても、
キミが 知ってる人 じゃないなら
「知らない人」だよ。

「知ってる人」とは、
キミと おうちの人の りょうほうが 知っていて、
よくお話してる人 と思っておいて。
おうちの人が その人の「名前」「住所」「電話番号」
を 知っていることも だいじだよ。

だれかと 知り合いに なったら、その人の ことを
たくさん おうちの人に 話して あげてね。

### 外で あそんで いる時・おかいものに 行って いる時
# トイレは大人と いっしょに 行こう

キミは いつも、
お外の トイレには 1人で 行ってるかな？
大人と いっしょに 行ってるかな？
お外の トイレには キケンが いっぱい！
1人で 行くのは とても キケンだよ

たとえば……

キミが1人でトイレに 行くのを
わるい人が じっと 見ていたり……

すこし とおくから、キミが大人と
はなれたのを 見ていたり……

そうすると、
わるい人がいっしょに
トイレの中に入って、
知らない ところに つれて 行かれる
かもしれない

おともだちと、いつも 行っている 公園であそんでいる時、トイレに 行きたく なったよ。
でも、近くに しんらいできる 大人はいない……。
こんな時の ために、「**安全マップ**」をつくろう！ ( 右のページへ➡ )

80

# 安全マップをつくろう

こわいことが あった時、
外で トイレに 行きたく なった時、
どこに 行けば いいかな?

おうちの人と いっしょに、
いつも行く公園や 学校までの 道を あるいて、
たすけて もらえる ばしょを ちずに かきこもう。

こうばん、コンビニエンスストア、こども110番のいえ、おともだちのおうちなど、「たすけてもらえるばしょ」だけじゃなく、うすぐらい道や あぶない ばしょなど、「行ってはいけないばしょ」も 知っておこう。

なにか こまったことが あった時、「こども110番のいえ」に 行けば たすけて もらえるよ!
めじるしは いろいろな しゅるいが あるから、おうちの ちかくの「こども110番のいえ」を チェックしておこう。

# ぼうはんブザーのつかい方

ぼうはんブザーを もっている 子は、
その つかい方を しっているかな？

ただ ならす だけじゃ ダメだよ！
なんども れんしゅう してね

### とりはずしができる防犯ブザーの時

❶ **ブザーを ならしたら、とおくに なげる！**
この時、ぼうはんブザーは、キミが にげる方向と はんたいに なげよう

❷ **ランドセルを 下に ストンと おとす！**
走って にげる 時に、ランドセルは ジャマ だからね。道ばたに すてて いこう

❸ **「たすけて！」と 大声を 出しながら、走って にげる！**
ランドセルを すてたら ダッシュ！
走りながら 思いっきり 大きな声で「たすけてー！」「かじだ！」って さけぼう！

### ランドセルに固定された防犯ブザーの時

❶ **ブザーを ならしたら、ランドセルを 下に ストンと おとす！**
走って にげる 時に、ランドセルは ジャマ だからね。道ばたに すてて いこう

❷ **「たすけて！」と 大声を 出しながら、走って にげる！**
ランドセルを すてたら ダッシュ！
走りながら 思いっきり 大きな声で「たすけてー！」「かじだ！」って さけぼう！

● 保 護 者 の 方 へ ●

# 防犯ブザーは、定期的な使い方の練習とメンテナンスを

　防犯ブザーをお子さんに携帯させている家庭も多いと思いますが、持たせているだけで安心してはいけません。

　いざという時に、きちんと効果的に使えるように、いくつかポイントがあります。

## ●POINT1●
### 実際にブザーを鳴らす練習をしましょう。

　「こわい人がいたら、ここを引っ張るんだよ」と言葉で教えても、実際にやったことがなければ、とっさの時にできるはずはありません。大人でも、こわい時は身体が固まってしまいます。自宅の窓やドアを閉め、外に音が漏れないように配慮しながら、実際に鳴らしてみましょう。

## ●POINT2●
### ブザーを鳴らしたら、遠くに投げてから走る（逃げる）練習をしましょう（すぐに取り外せるタイプの防犯ブザーをつけている場合）。

　防犯ブザーを鳴らしただけで、相手が驚いて逃げてくれればいいですが、防犯ブザーをつけたまま逃げると、**相手は防犯ブザーを止めようとして、追いかけてくる可能性があります。**

　防犯ブザーを遠くに投げれば、ブザーを止めようとする相手の意識がそちらに向きます。また、できれば「自分が逃げる進行方向とは反対に投げる」ことを練習してください。年齢や性格によって、できること、できないことがありますので、その子に合ったやり方で練習しましょう。

## ●POINT3●
### ランドセルをストンと下に落としてダッシュの練習をしましょう。

　ランドセルに固定された防犯ブザーの場合は、POINT2と同じ理由でランドセルを下ろした方がいいですし、取り外し可能な防犯ブザーの場合でも、ランドセルは捨てていきましょう。

　ランドセルを背負ったまま走るとスピードが格段に落ちます。**追いかけてきてランドセルをつかまれる**という事案も多いので、両手で同時に肩からベルトを外したら、そのままストンと下に落として走る、という練習をしてください。

## ●POINT4●
### ブザーを鳴らしたら「助けて！」「火事だ！」と叫ぶ練習をしましょう。

　ブザーを鳴らすだけだと、周囲の人はなにかの誤作動かと思うことがあります。周りに気づいてもらうために、「助けて！」「火事だ！」など、大きな声を出す練習をしましょう。

## ●POINT5●
### 防犯ブザーはすぐに手が届く場所に、ランドセルなら肩ベルト部分につけましょう。

　ランドセルの側面のフックにつけていると、なかなかつかめません。自然な動作でつかめる場所、利き腕の方につけましょう。また、成長に合わせて位置を調節することも忘れずに。

## ●POINT6●
### 定期的に「音が鳴るか」確認しましょう。

　防犯ブザーは鳴らさなくても、少しずつ電池が消耗していきます。また、ランドセルで走り回っているうちに防犯ブザーが故障することも少なくありません。小学生が使用している防犯ブザーを調査したら、その半数以上が、電池切れや故障で音が鳴らない状態だったという話もあります。いざという時、**子どもはちゃんとブザーを鳴らそうとしたのに音が鳴らなかったら**……と思うと、いたたまれません。メンテナンスは保護者が責任をもって行いましょう。また、**ブザーの音は85〜90db**が推奨されています。

## ●POINT7●
### 定期的に、何度も練習しましょう。

　「怖いと思ったら、いつでも鳴らして大丈夫！」と教え、そのタイミングや逃げ方（POINT1〜4）が一連の動作として身につくまで、何度も練習してください。その後も忘れていないか、数カ月に1度は復習すると同時に、**防犯ブザーの音がきちんと鳴るかを確認しましょう。**

　ほかにも、レインコートはランドセルにかぶせない、また登下校だけでなく、遊びに行く時や習い事の時にも持たせるなど、各家庭にあった防犯ブザーの使い方を話し合ってください。

# おぼえよう！
# みを まもる 音読ひょうご

「だいじょうぶ？」
しんぱいだから 大声 かくにん
ママ（パパ）が 入れない
だんし（じょし）トイレ
はずかしくない
あなたが だいじ

「道にまよってこまってるんだ
つれてってくれないかな」

「大人を
よんでくるね」

「ちょっときて
こまった、たすけて」
大人をよぼう

「おかしあげるよ
こっちにおいで」
「ママにもあげよう
みんなもよぼう」

外のトイレ
ひとりで 行くのは あぶないよ
トイレは はんざい おおいばしょ
大人と いっしょが あんしんです

えがおでも
おかし くれても
ついて 行かない
手まねき されても
見ないふり
大きな声で おやをよぶ

インターネット
はだかが 出たら
あぶない サイン
すぐに 大人に ほうこくしよう

84

# あとがき

　私の昔話です。
　私が幼いころ、年齢のちがう子どもたちだけでよく遊んでいました。
　私と女の子の友達は小学4年生、他には男の子が3〜4人、いつも集まる家で、テレビゲームをして盛り上がっていたのですが、そこで友達の女の子が小6の男の子をからかい始めました。
　小6の男の子は腹を立てたのか、その女の子の上に馬乗りになりました。そして、男の子は女の子の両腕を押さえつけ、腰を振り出しました。
　私も友達も意味がわからず固まっていたのですが、他の男の子たちはニヤニヤしながらその様子を見ています。
　馬乗りされた女の子は「やめて！」と言いましたが、小6の男の子は笑いながら腰を振りつづけ、私は怖くて固まったまま。
　数分後、女の子が足をバタバタして暴れたので、やっと男の子はやめました。わけがわからないはずなのに、私たち2人はとても怖いと感じました。
　その小6の男の子は5人きょうだいの末っ子で、部屋にエロ本が普通においてある環境で育っていました。後になって思うと、年の離れた兄や姉の話を色々きいて興味があったんだろうと思います。
　小6の男の子も、「女の子に馬乗りになって腰をふる」という行為がなんなのか、正しく理解はしていなかったと思います。そして、正しく理解していなかったがゆえに、「腹がたったからその仕返しに」と思って、こういう行動に出たのでしょう。
　私は、（おそらくもう1人の女の子も）今でも当時の状況を鮮明に覚えており、これがトラウマなのかなとも思っています。
　なぜこんな話をするのかというと、子どもが小さな頃からいろいろなことを教えるのは大切なことですが、**まだ理解が及ばないうちに、なんでもさらけだすのは危険を伴うということを知ってほしい**からです。
　それから数十年を経て、私は娘を出産しました。
　娘のために早めに性教育をしようと思い、小児向けの性教育の絵本をいろいろと手に取ってみて、ゾッとしました。かわいらしいイラストで、簡易化されてはいるものの、性行為そのもの（挿入する体位や射精する様子）が描かれているのです。
　ほかにも、「とにかく早いうちから性の知識を」という考えの本が目立ち、それを見るたびにあの時の記憶がよみがえりました。
　「子どもはマネをしたがる」という、子育てにおいて基本的な考えは、性教育に関してはどこかに置いてきてしまっていると感じました。
　子どもになにかを教えるには、順序があります。火の危険性を教えずに、いきなりライターの使い方を教える親がいるでしょうか。その一方で、小学校高学年や中・高校生の保健体育ではろくな性知識も与えないというアンバランスさ。
　娘が大人になるまでの将来にとても不安が広がりました。そこで、自分で情報を集めた結果、ユネスコの「包括的性教育」の存在、そして日本は性教育後進国であり、その概念が世界と大きくずれていることを知りました。
　このままではいけないと思い、私は、自分の娘のためにドリルを作ろうと思い立ちました。そして、娘がこれから出会う未来の友人のために、娘の将来のパートナーのために……と考えていくと、それはつまり、「今のすべての子どもたちのために」という考えに至ったのです。
　子どもにとって性の知識は、一歩間違えれば危険なことになりますが、無知も同じくらい危険です。「性行為の知識」を幼いうちから教える必要はありませんが、「性教育」は幼いうちから始めることが必要です。
　人間関係やジェンダー、個人の尊重、人権までを含めたものが「性教育」だからです。

　最後に、本書の制作にあたっては、助産師の長谷川まどか氏、産婦人科専門医の讃井絢子氏から多大なるご協力をいただきました。また、構想の段階からお世話になった星野耕大先生。先生がおられなければ、このドリルの完成への道のりはさぞ遠かったことでしょう。
　はかごご協力をいただいた永野健太先生、監修の福元和彦先生。皆様に心よりの感謝を申し上げます。

### 著者

伊東絵理加（いとう・えりか）

鹿児島県出身。水商売歴17年、うち6年半はクラブを経営。出産を機に専業主婦となる。
出産後、育児に対して不安が大きかったため、育児セラピスト（2級）とベビーマッサージの資格を取得。現在2児の母。
イベントや旅行・パーティなどを企画してみんなで楽しむことが大好き。
とても運がいい方で、運は自分で引き寄せられるし、チャンスは目に見えると思っている。
人生は楽しく過ごしたい。死ぬ時に「まぁいいか、楽しかった」と思えるように生きている。

### 監修

福元和彦　　　医療法人友心会福元メンズヘルスクリニック／院長

### 協力

永野健太　　　医療法人ながの医院／理事長（精神科）

### Special Thanks

星野耕大　　　沖縄県立南部医療センター・こども医療センター／救命救急センター長

Illustration：新谷康介

親子でいっしょに！
こころとからだのドリル　5〜8歳編
■
2024年9月1日　第1刷発行
■
著者　伊東　絵理加
発行者　杉本　雅子
発行所　有限会社海鳥社
〒812-0023　福岡市博多区奈良屋町13番4号
　　　電話092(272)0120　FAX092(272)0121
http://www.kaichosha-f.co.jp
印刷・製本　有限会社九州コンピュータ印刷
ISBN978-4-86656-167-7
［定価は表紙カバーに表示］